死刑を止めた国・韓国

朴秉植
박병식

インパクト出版会

プロローグ 5
死刑と「出会い」／存置国と廃止国の「同居」／「事実上の廃止国」の影響／空気を読めない日本／死刑廃止論者の幸せ／本書の構成

第1章　死刑に処される犯罪 15
刑法と死刑相当犯罪／特別法は死刑の宝庫／国家保安法の問題／軍刑法は死刑法／ひき逃げも死刑相当犯罪／死刑と憲法／死刑犯罪縮小論の虚構

第2章　歴代政権の態度と死刑執行の手続き 25
イデオロギーに揺れ動いた死刑／死刑場が史跡／執行しなかった金大中政権／国家人権委員会の廃止意見／事実上の廃止国になる／法務部の「変化戦略計画」／李明博政権でも執行ゼロ／死刑執行の最終決定は大統領／死刑執行のタイミング／執行の準備と地獄三丁目／未決囚という不安／死刑に賛成の刑務官／本音をいえない刑務官／死刑執行官のトラウマ／動物の「加工」と人間の「死刑」

第3章　死刑制度に対する司法の判断 42
空っぽの大法院の判決理由／憲法裁判所の発足と変化／憲法裁判所の「合憲決定」／合憲論と違憲論の言い分

第4章　死刑と被害者感情 48
扱い難い「感情」／「感情」と「正義」の区別／乗り越えられない被害者感情／答えられない質問／被害者感情は存置論の味方か／親族による殺人と被害者感情／「法感情」という怪物／同害報復のおかしさ／タリオの法則は守られるか／高貞元さんの血涙

第5章　死刑と世論 61
世論と与論／人事聴聞会と死刑／死刑制度に対する世論／世論調査

のタイミング / 世論調査の問題点 / 注目すべき専門家の世論

第6章　死刑と犯罪抑止効果 ……………………………………72

犯罪抑止効果に関する世論 / 証明できない犯罪抑止効果 / 犯罪抑止効果と犯罪防止との違い / 執行期間と執行停止期間の比較 / 大量執行は殺人を呼ぶ / 殺人犯罪率は存置理由になれない

第7章　死刑と誤判 ………………………………………………79

誤判に対する法律家の認識 / 存置論者のみる誤判 / 命に対する裁判官の傲慢 / 誤判は「可能性」ではなく「現実」/「司法殺人」/ もう一つの冤罪事件 / 天と地の無期懲役と死刑 / 死刑の政治的な悪用

第8章　代替刑と死刑廃止法案 …………………………………87

死刑廃止と代替刑 / 定着している終身刑 / ワニの涙 / 終身刑へのアレルギー / 死刑廃止法案の歩み / 終身刑の廃止法案 / 廃止法案提出の流行り / 死刑廃止「特別法」への反発 / 死刑廃止法の行方

第9章　死刑囚の刑務作業と教化 ………………………………100

「未決囚」から「死刑確定者」へ / 死刑囚の収容 / 優遇される死刑囚 / 死刑囚の収容生活 / 刑務所の民間ボランティア / 宗教委員と死刑囚 / ある夫婦の活動

第10章　殺人被害者遺族への支援 ……………………………110

死刑執行では遺族の憎しみが晴れない / 被害者救助制度の始まり / 役に立たない被害者救助 /「犯罪被害者保護基金法」と罰金の活用 / 贖罪金制度の導入の必要性 /「官」主導の被害者支援活動 / 被害者支援活動へ切っ掛け / 殺人被害者の支援と「ヘミル」/ 矯正司牧委員会の活動

第 11 章　死刑廃止運動の歩みと展望 ………………………… 125

死刑廃止運動の始まり / 宗教の役割と限界 /「市民」のない死刑廃止運動 / 死刑再執行の危機 / アムネスティ・インターナショナルの要請 / 日本の死刑廃止議員連盟の要望 / カトリック指導者の死去 / 死刑執行に反対する外交部

エピローグ ……………………………………………………… 140

討論のパラダイム・シフト / 子供に倣う / 死刑はアジアの文化か / 事実上の廃止国は「法律違反」から始まる / 死刑廃止のための日韓の連帯

あとがき ………………………………………………………… 146

プロローグ

死刑と「出会い」

　わたしは、死刑は廃止されるべきだと確信する死刑廃止論者である。長い間、死刑廃止運動にも加わって来た。私が死刑制度に興味をもち始めた最初のきっかけは、大学時代にまで遡る。朴正熙と全斗煥の軍事独裁政権が続き、反体制民主化運動家を殺すのに死刑制度が悪用されていたので、政治と死刑制度の関係に自然と関心を持った。

　大学を卒業し日本へ留学して、1984年に明治大学大学院に入学した。そして、刑事政策のゼミで菊田幸一先生に出会った。菊田先生が有名な死刑廃止論者であることは後でわかった。そして、ある日、菊田先生について行って、死刑廃止運動の市民らに出会った。その中に、安田好弘弁護士がいた。1985年のことである。その後、アルバイトの合間を縫って会合に顔を出した。いつの間にか、死刑廃止運動の仲間に加えられていた。あれから、もう30年近くたつ。

　どんどん死刑廃止への関心が深まり、死刑制度に関する本を読んで勉強した。韓国の死刑状況に関する資料を訳したり論文を書くなど、酷い状況を告発した。何年か前にある集会で、「私の生みの親は菊田幸一先生で、育ての親はフォーラム90です」と言ったことがあるが、振り返ってみると、とても不思議な出会いである。

　1993年、大学院を卒業して帰国した。そしてある日、カトリックの神父から電話をもらった。刑務官を相手にセミナーを開く予定だけど、死刑制度に関する話をして下さい、という講演依頼であった。当時ちょうど印象深く読んだ大塚公子さんの『死刑執行人の苦悩』に基づいて、死刑の執行が刑務官の人権をいかに侵害するかについてしゃべった。電話をかけて

きた人は、カトリック矯正司牧委員会委員長の李永雨(リヨンウ)神父だったのは後でわかった。このカトリックの委員会は死刑廃止運動の中心的な役割をしていたし、李神父は生命につよい関心をもっていた。この出会いをきっかけに、李神父を手伝う形で韓国での死刑廃止運動に加わるようになった。日本と韓国を行き来しながら、死刑廃止運動を連携させるのが私の主な役目であった。

　日本に滞在して9年余り。死刑という問題を通じて、多くの先生方と先輩・後輩に巡り会った。フォーラム90から市民運動のあり方を学び、安田好弘弁護士をはじめ多くの仲間たちに出会うことができた。とても不思議な出会いであり、皆に感謝している。

存置国と廃止国の「同居」

　韓国は「法律上」、まだ死刑を存置している。死刑制度も日本と酷似している。日本の刑事司法システムを継受したので、似ているのは当たり前である。しかし、死刑制度の運用と中身は相当異なる。

　法定刑として死刑を規定している法律だけでも20を超えるし、死刑を定めた条文の数も110余りを数える。執行もかつては、毎年20〜30人ずつ行われ、1974には何と58人が執行されていた。各々理由があって死刑判決が下され執行されたのだろうが、いくら何でもこの人数はおかしい。通常、存置国と廃止国に二つに分けられるけれども、韓国は単なる存置国ではなく、酷い存置国であった。

　こんな酷い国が、1997年12月30日に23人を一挙に執行して以来、一人も執行していない。執行停止から今年で15年目を迎える。アムネスティ・インターナショナルは、法的には死刑制度を存置しながら過去10年執行しなかった国を「事実上の廃止国」「実質的な廃止国「(Abolitionist in practice)といって、廃止国のカテゴリーに分類する。その分類によって、韓国は2007年12月30日、「事実上の死刑廃止国」になった。国際的にはもう立派な廃止国である。死刑を完全に廃止したヨーロッパやアムネステ

ィ・インターナショナルなどの人権団体は、韓国を死刑制度における「模範国」だと評価した。

インターネットでの存廃論議を覗いてみると、廃止に賛成する人は「事実上の廃止国」のことを強調し、存置を望む人は「法律上の存置国」を強調する。存置国でありながら廃止国の状況。かつて経験したことのない、存置と廃止の「同居」である。

「事実上の廃止国」の影響

執行しなかった14年あまりの間に、再執行の危機がなかったわけではない。連続殺人事件や子供・女性を対象にした悲惨な性暴力事件が起きるたび、執行を求める世論が沸騰した。死刑執行を阻み拒否した金大中や盧武鉉政権とは異なって、李明博政権は死刑執行を試みた。

しかし、「事実上の廃止国」の影響力は、予想以上にすごかった。15年近く維持してきた執行停止の実績を一朝一夕にひっくり返すことができなかった。EUとの自由貿易協定などに及ぼす悪影響と国際人権団体からの批判などを意識せざるをえない状況になった。その結果、執行を主張する法務部に外交部が反対するなど、政府内でも意見が分かれた。

「事実上の廃止国」の影響は裁判実務にも及んでいる。毎年数十人に達していた第一審の死刑判決者数が、ここ10年には一桁にとどまっている。執行が行われないことをみて、裁判官も死刑判決に慎重になった。死刑廃止のことを口にすることがなかった裁判官であるが、いまや日本の最高裁判所長官にあたる大法院長が国会の人事聴聞会で堂々と死刑廃止が望ましいと意見を表明するほどである。

また、長い執行停止の影響は、死刑囚の処遇や矯正実務にも及んだ。かつては死刑囚は「未決囚」として刑務作業ができなかったが、行刑法の改正により「死刑確定者」というカテゴリーが新設され、死刑囚も刑務作業ができるようになった。死刑確定者の心情の安定を図るのに必要だと刑務所長が判断した場合、一般受刑者と一緒に刑務作業ができる。全死刑囚の

半分近い人数が、現在、刑務作業をしている。このような変化は、事実上の廃止国として執行が行われないことを前提にした変化である。

　法律上の存置国と事実上の廃止国という不安定な「同居」がいつまで続くかは分からない。いつどんなことが起こってもおかしくない国柄の韓国だから、先をたやすく読めない。再執行の可能性がまったくないとは言い切れない。しかし、この頃の流れから読み取る限り、再執行の可能性は「あまり」ない。いや、よほどのことがない限り、執行は「ほとんど」ないというのが大筋の見方である。

　だからといって、法律上の廃止国になる可能性も、今のところない。憲法裁判所は 2010 年、死刑制度は合憲だと決定したし、国会で死刑廃止法案が通ることも、あまり見込めない。しばらく事実上の廃止国の状況が続くだろう。

　私は、事実上の廃止国の状況が続くのは、それほど悪くないと思う。いつか振り返ってみて、執行しなくてもあまり問題がないことに気づき、死刑廃止にそれほど抵抗感がなくなったときに、法律から完全に追い出してもいいのではないかと思う。

空気を読めない日本

　2012 年 3 月 29 日の朝、日本の友人から、3 人に死刑が執行されたという知らせが飛び込んだ。日本の政府に対する怒りと失望の念が襲ってきた。死刑制度はその国の人権状況を図る物差しである。このことを日本政府は知らなさすぎる。自分の姿を映す「鏡」をもっていない。諸外国が自分をどう見ているかを深く考えるならば、今回の執行はなかった筈である。日本政府と法務大臣は自分なりの使命感をもって執行したのであろう。しかし、これは「国内用」には通用しても、国際的には通用しない。笑いものである。「空気を読めない日本」である。

　「先進国の中で、日本と米国だけが存置国だ」とよくいわれているが、この表現は間違いである。米国は全州が存置しているわけではなく、廃止

の州もあるからである。「世界の先進国で唯一、日本だけが死刑を存置している」と言い改めるべきである。ま、それ以前に、死刑を執行してなぜ先進国か、という問題もある。

　人殺しに執着する人をサイコパスといって警戒する傾向が強い。同じく、人の命を奪う死刑制度にこだわる国を、高く評価するはずがない。死刑を執行する国は、数字の上でも世界の「村八分」になりつつある。世界で取り残されつつ、それに気づけない。これ以上、国際的な笑いものにならないためにも、すくなくとも執行は絶対やめるべきである。

死刑廃止論者の幸せ

　死刑は絶対に廃止すべきであり、いつか廃止される。この死刑廃止の当為性を教え、確信を植えつけてくれたのは、「日本」である。ところが、当の日本は死刑を続けている。

　私の本棚には200冊を超えるほどの死刑関連の本や資料がある。そのほとんどは日本の文献である。英語があまりできないこともあるが、やはり社会状況や文化、そして人間の心のことを考えると、どうしても日本語で書かれたほうが心に響く。今も日本の友人から新刊本を送ってもらっているし、渡日の際に本屋に立ち寄るのは、私の欠かせない旅の喜びである。

　これに比べ、韓国には死刑関連の本があまりない。論文や報告書、宗教者の教えを除いたら、単行本は10冊に満たない。なのに、学者は圧倒的に廃止論者が多い。こんな劣悪な環境で、よくも事実上の死刑廃止国になったなと思う。自国ながら、信じられない。

　死刑存廃の論争になると「存置論者＝攻め」「廃止論者＝防御」のパターンになるのが常である。死刑が法律に定められているので、既得権を存置論者が握っているから仕方ない。でも、たびたび不公平さを感じる。存置論者の質問に答えるためには、普段から勉強しなければならない。廃止論者はつらい。

　しかし、廃止論者は幸せである。生命や人権の問題から社会・国家シス

テムの問題に至るまで、掘り下げることができる。人間を「殺す」ためではなく、「生かす」ために努力することもよい。死刑を勉強し廃止を主張して、本当によかったと思う。

本書の構成

　本書は、韓国の死刑制度の状況と廃止への歩みを紹介するとともに、存置論者の主な論理に対して反論を加え、死刑廃止の当為性を示したものである。本章の構成と粗筋は、以下のとおりである。

　第1章は、刑罰として死刑を定めている韓国の法律状況について述べた。死刑を定めている法律は何であるかを紹介する。刑法だけでなく、20を越える特別法にも死刑が定められている。南北が分断され対峙している朝鮮半島の悲劇から、イデオロギーによって多くの人々の命が奪われた。その中には、濡れ衣を着せられ殺されてしまった冤罪事件が少なくない。また、「死刑法」というべき軍刑法の問題点についても触れた。

　第2章は、歴代政権の執行の動きと死刑の執行手続きについて述べた。執行の手続きは基本的に日本と同じであるが、中身は異なる。刑事訴訟法には法務部長官が執行を指示するように定めているけれども、大統領の了解なしには執行できないのが実情である。内閣責任制をとる日本と異なって、大統領中心制をとる韓国ならではのことであるが、死刑執行が政治状況と絡んでしまう一因にもなる。歴代政権がどのように執行したか、金大中政権以来の執行の企てはなかったかについても述べた。また、執行の準備から死刑場での執行、そして執行する刑務官の苦悩や過去50年間の執行状況についても述べた。

　第3章は、死刑制度に対する司法の判断について述べた。大法院時代の判決から憲法裁判所の合憲決定までの流れを追う。大法院時代の合憲判決はたいへん短く、判決理由というには及ばないものである。憲法裁判所の設立に伴って違憲かどうかの判断が大法院から最高裁判所に移り、判決理由の中身が少し豊かになる。そして、2010年の合憲決定は、合憲論者と

違憲論者がはじめて本格的にぶつかったものであるといえる。5対4で合憲論が多かったけれども、以前よりは違憲論が増えた。合憲論と違憲論の言い分を対比した。

　第4章は、存置論の最も強固な拠り所である被害者の感情について述べた。被害者の感情は、廃止論者にとって乗り越えられない壁である。しかし、はたして被害者の感情に従うことが「法の正義」であるか。感情と正義は同じものではなく、分けなければならない。また、被害者の感情を前面に出してしまうと、親族殺人のようなケースにおいては、遺族は居場所がなくなってしまう。一方は加害者側、また一方は被害者側の立場に立たされているからである。そして、被害者の感情はいわゆる同害報復（タリオの法則）として現れるというけれども、現代刑事法システムにおいて同害報復は機能してよいかについて分析した。

　第5章は、死刑における世論について述べた。韓国でも国民の世論は死刑存置のほうに傾いている。しかし、裁判官をはじめ専門家は、廃止意見のほうが多い。韓国では大法院（日本の最高裁判所にあたる）と憲法裁判所の裁判官は国会の人事聴聞会で能力や公職者としての道徳性を審査されるが、廃止論者であることを明らかにする裁判官が増えつつある。現大法院長も国会で廃止論者であることを明らかにした。世論調査のタイミングや質問の中身などの問題についても分析した。

　第6章は、死刑制度の犯罪抑止効果について述べた。存置論者のいう如く、死刑を執行すると凶悪犯罪は抑止されるだろうか。これまでこの問題については、諸外国の研究結果だけを引用してきた。しかし、韓国も15年近く執行をしていないので、韓国の統計を分析するのも意味がある。確かに執行を停止した1998年以降、凶悪犯罪は増えており、執行停止が殺人犯罪の増加に結びついたようにみえる。しかし、執行の行われていた時代の殺人増加率は執行停止期間の増加率を遥かに超えている。また、23人を執行した1997年の翌年には、予想に反して殺人犯罪が急増している。殺人犯罪と死刑制度には相関関係がないのである。一方、殺人事件の発生

率を根拠に死刑の存置を主張するのもおかしい。韓国は日本に次いで、殺人発生率は低い。死刑を廃止しているヨーロッパ諸国の何分の一かしかない。凶悪犯罪の抑止効果を根拠に死刑の存置を主張する問題点について分析した。

　第7章は、誤判の問題について述べる。誤判は存置論者にとって最も大きなネックである。ところが、憲法裁判所の存置論者は、「誤判は神でない以上避けられないが、審級制度や再審制度の訴訟手続き通じて解決すれば問題はない」という。殺害された被害者遺族の感情を理由に存置を主張しながら、裁判官の誤った判断により殺された人の命については目をつむるのである。冤罪により殺された人の命を裁判の減価償却費として扱ってしまう、裁判官の傲慢が伺える。本来は無期懲役刑になるはずの犯罪が死刑になってしまうケースも誤判問題に含まれるべきである。韓国で有名な誤判事件である「人革党」事件を紹介し、誤判は「可能性」ではなく「現実」であることを述べる。

　第8章は、死刑の代替刑と死刑廃止法案について述べる。死刑廃止は代替刑の問題でもある。そして、韓国においては、死刑の代替刑として終身刑が定着している。終身刑の導入については、初めは反対が少なくなかった。釈放の見込みのない終身刑は人間の尊厳と価値を害するという、ドイツ連邦憲法裁判所の違憲判決を引用し、廃止論者はもちろんのこと存置論者も反対した。しかし、死刑を廃止したヨーロッパとは異なり、死刑制度が現に働いているところでは、終身刑の意味合いを、「一生刑務所にぶち込まれ、希望のない日々を送る過酷な刑罰」ではなく、「大事な命をつなげる、望みの刑罰」として捉えなおすべきである。韓国においては、1999年以降、死刑廃止法案がずっと国会に提出されている。成立される見込みはしばらくないけれども、その内容と問題点についても分析した。

　第9章は、死刑囚の刑務作業と教化活動について述べた。2008年の行刑法の改正により、死刑囚も刑務作業ができるように改められた。既決囚と未決囚という分類に、「死刑確定者」というカテゴリーが新設されたか

らである。つまり、死刑囚を未決囚から分離したのである。また、死刑囚の収容生活を紹介する。死刑囚は一般受刑者と同じく取り扱われるが、接見の時間や回数・場所においては優遇される場合がある。そして、民間ボランティアを除いては矯正プログラムがうまく働かない、刑務所の実情と、日本の教誨師にあたる宗教委員の活動ぶりも紹介する。

　第10章は、被害者遺族の支援について述べる。犯罪被害者の支援は1988年の「犯罪被害者救助法」に始まる。日本の「犯罪被害者等給付金支給法」をモデルにして制定された法律である。しかし、殺害被害者遺族へ支給される金額が最大1000万ウォンしかなく、実質的な支援には及ばなかった。そこで、2005年に「犯罪被害者保護法」を制定して金額を大幅に引き上げると共に、「犯罪被害者救助基金法」を制定して罰金の4％を被害者事業に当てることになった。被害者支援が大きく補われたといえる。一方、韓国の犯罪被害者支援センターはほとんど「官」主導の団体であるといえるが、宗教の教えから受刑者の教化活動と殺害被害者の支援を積極的に行っている「カトリック矯正司牧委員会」の活動ぶりを紹介した。

　第11章は、韓国の死刑廃止運動の歩みとこれからの展望について述べる。韓国の死刑廃止運動は、1989年に結成された「韓国死刑廃止運動協議会」から始まる。2004年には宗教者の連帯組織である「死刑廃止汎宗教連合」が結成される。両組織の根幹は、宗教に占められている。韓国には政教分離はほとんど問題にならない。政治家は「票」を意識して、宗教界の言い分に耳を傾ける。

　執行のない15年間、死刑再執行の危機がなかったわけでもない。とりわけ、李明博大統領は死刑に賛成であり、性暴力事件をきっかけに執行を試みた。しかし、国際的な人権団体の抗議やカトリック指導者の死去により再執行の試みは阻まれた。

　また、EUとの自由貿易協定を締結するがために、ヨーロッパ評議会と犯罪人引渡し条約を結んだ際、ヨーロッパから引き渡された犯罪人については死刑を執行しないと決めた。憲法の平等原則に従えば、この原則は日

本やアメリカから引き渡された犯罪者にも適用されるべきである。これらの動きと共に、韓国の死刑制度の展望について触れた。

第1章　死刑に処される犯罪

刑法と死刑相当犯罪

　死刑に処しうる犯罪を通常、「死刑相当犯罪」という。刑法は、次のような犯罪を死刑相当犯罪に定めている。刑法のレベルでは、日本と大差はない。

① 　内乱罪（内乱・内乱目的の殺人）
② 　外患罪（外患誘致・与敵・敵国への施設提供・間諜）
③ 　爆発物使用罪
④ 　現住建造物放火致死罪
⑤ 　殺人罪（単純殺人・尊属殺人・偽計等による嘱託殺人）
⑥ 　強姦殺人罪
⑦ 　人質殺人罪
⑧ 　強盗殺人罪
⑨ 　海上強盗殺人・致死・強姦罪

とにかく、これらの行為をすれば、死刑になりうるというわけである。とりわけ、日本の刑法の外患誘致罪にあたる与敵罪の場合は、もっぱら死刑しか規定していない。懲役刑や禁錮刑は付いておらず、違反すれば死刑である。

特別法は死刑の宝庫

　死刑というと、どうしても刑法にのみ目を向けてしまう。しかし、韓

国には刑法のほかにも死刑を定めている「特別法」が20を超える。死刑を定めている条文の数を調べてみたら、110余りを数える。いちいち紹介するのは大変であるので、法律と犯罪だけを並べてみる。

- 特定犯罪加重処罰などに関する法
  - 常習強盗・常習特殊強盗・常習人質強盗・常習海上強盗
  - 強盗傷害・強盗強姦の再犯
  - 窃盗組織の首魁
  - 報復目的の殺人
  - 通貨偽造の加重処罰
- 暴力行為など処罰に関する法律
  - 暴力団体構成の首魁
- 性暴力犯罪の処罰などに関する特例法
  - 特殊強盗強姦
  - 強姦殺人・強姦致死
- 国家保安法
  - 反国家団体構成の首魁
  - 軍事機密・国家機密の探知・収集・漏泄・伝達・仲介
  - 反国家団体構成員の騒擾・爆発物使用・逃走援助・放火・溢水
  - 反国家団体の支配地域への潜入と脱出
  - 軍刑法および内乱・外患罪の特殊加重
- 麻薬類管理に関する法律
  - 営利目的あるいは常習的な麻薬の輸出入・製造・販売・斡旋など
  - 未成年者への麻薬・向精神性医薬品の授受・調剤・投薬・提供
- 麻薬類不法取引防止に関する特例法
  - 業としての麻薬の不法輸出入・製造など
- 保健犯罪取締りに関する特別措置法

・不正食品の製造致死
　　・不正医薬品の製造致死
・**臓器など移植に関する法律**
　　・臓器の摘出による致死
　　・脳死の誤判定による致死
・**文化財保護法**
　　・文化財管理者への威力行使致死
・**国際刑事裁判所管轄犯罪の処罰などに関する法律**
　　・人種の集団殺害
　　・民間住民の殺害
　　・国際法規によって保護すべき人の殺害
　　・国際的な追放・監禁・移住などによる致死
　　・国連の旗・制服の不正使用による致死
　　・戦争における国際的保護者の致死
　　・禁止武器による生命・身体・財産の侵害
・**韓国造幣公社法**
　　・製造依頼機関に渡していない貨幣・有価証券の強取
・**航空法**
　　・航行航空機の墜落・転覆・破壊
　　・航行航空機の墜落による致死傷
・**航空安全および保安に関する法**
　　・航空機の破壊
　　・ハイジャックによる致死傷
・**船舶および海上構造物に対する危害行為などの処罰に関する法律**
　　・船舶および海上構造物における殺害
　　・船舶拉致による殺人・致死
　　・暴行傷害殺人致死

第1章　死刑に処される犯罪　｜　17

- 原子力法
    - 戦争・天災における原子炉の破壊
- 原子力施設などの防護および放射能防災対策法
    - 核物質の所有・保管・使用・運搬による致死
- 放射性廃棄物管理法
    - 放射能廃棄物管理施設の破壊致死
- 化学・生物武器の禁止および特定化学物質・生物作用剤などの製造・輸出入規制などに関する法
    - 化学・生物武器による生命・身体・財産の侵害および公安への紊乱
- 地雷など特定在来式武器使用および移転の規制に関する法律
    - 禁止武器の使用および地雷使用による殺害・傷害
- 戦闘警察隊設置法
    - 敵前における勤務忌避目的の自傷
- 軍刑法
    - （あまりにも多いので、罪名の記述は省く）

　読んでみると、死刑に相当すると言われても納得しかねないほどの残虐な行為もあれば、「こんなことでも死刑なの？」と納得できない行為もある。馴染みのある法律もあれば、初めて耳にする法律もあろう。私も、死刑を定めている法律は何かを調べる間に、初めてその存在がわかった法律もある。聞いたことのない法律によって、命を奪われかねない現実がある。

　刑法には「一般予防主義」という理論がある。ある犯罪を犯すとこう処罰されるんだと定めた刑法を広く知らせれば、国民は犯罪を犯さないだろうという理論である。例えば、人を殺せば死刑に処されるということがわかれば、人を殺すのを止めるのだという。しかし、死刑を定めた

法律の存在も知られていないのに、どうやって一般予防効果が期待できるだろうか。

国家保安法の問題

　もちろん法律に刑罰として死刑を定めたとしても、実際にそれを適用して死刑に処した法律はそう多くない。ところが、多くの命が奪われた法律がある。国家保安法がそれである。

　国家保安法が制定されたのは、1948年12月である。南と北に分かれ、南に政権が樹立されて間もない時期である。刑法が制定されるのは1953年であるから、刑法よりも5年も早く制定されている。当初は、共産主義者を取り除くという名目で「反共法」と名づけられたが、そのモデルは日本の「治安維持法」である。植民地時代の影響が色濃く残されている。

　国家保安法については、罪刑法定主義や良心の自由を侵害するという理由で何度も違憲が問われてきた。いわゆる「悪法」の論議は、韓国においては、国家保安法をめぐって展開されているといってよい。にもかかわらず、南北分断と「国家安全保障」のため必要であるという理由で存続されている。

　要は、国家保安法が「治安」の維持よりも「体制」の維持に悪用されることが多かったのでである。国家保安法の違反により、多くの人々が処刑された。その中には、「赤狩り」の魔女裁判により犠牲にされた人も少なくない。最近は、殺人を犯していない公安事件には死刑を適用すべきではないという主張が力を得つつある。

軍刑法は死刑法

　韓国には軍隊があり、兵隊にのみ適用される「軍刑法」がある。ところが、この軍刑法には、死刑という刑罰がたくさん定められている。数

えてみたら、全114ヶ条の43ヶ条のうち、なんと64の行為に死刑が定められている。「死刑法」というしかない。

　2009年11月、軍刑法が改正され、暴行・脅迫により上官を死に至らしめた者に対する刑罰を引き下げた。戦時・平時を問わず最高刑を死刑にしたのを、戦時にのみ最高刑を死刑にしたのである。まさに「スズメの涙」である。

　軍刑法は職業軍人にのみ適用されるわけではない。兵役義務のために軍隊に入った若者にも適用される。戒厳令などが発せられれば、一般民間人や外国人も軍刑法の適用をうける。

　軍刑法によって死刑を宣告され執行されたケースは稀ではない。軍隊は戦争を前提にして維持される特殊な組織であり、一般刑法よりも刑罰が厳しいのはある程度は理解できる。しかし、だからといって死刑が濫用されては、かえって死刑で脅さなければ維持できない組織だという脆さを自ら認める結果になる。

ひき逃げも死刑相当犯罪

　5000万ウォン以上の収賄や2億ウォン以上の無免許の輸出入、1000万ウォン以上の山林窃盗、5万㎡以上の山林毀損、ひき逃げによる被害者の死亡。これらの行為について死刑を宣告するとしたら、理解できるだろうか。1990年までは、これらの行為についても、最高刑が死刑であった。

　あるラジオ放送で、死刑存廃をめぐり討論会が行われた。私は、廃止論の立場から、1990年代の前にはこれらの行為に死刑が定められていたことを言い、あまりにも多くの犯罪に死刑が規定されている韓国の現状を批判した。そうしたら、存置の立場で出演したある大学教授と弁護士は、口をそろえて「そんな筈はない。ありえない」と否定した。しかし、残念ながら、これは事実である。存置論者さえも理解できないほど、

韓国には死刑相当犯罪が多いのである。

　法律をつくる際は、それなりの理由をあげて、最高刑を死刑にしたであろう。ひき逃げによる死亡事件がよい例である。ひき逃げによる死亡事件が多発すると、運転者を死刑にする法改正が行われた。最高刑を死刑にしたら、ひき逃げがなくなると期待したのである。しかし、憲法裁判所は、「過失により人を致傷した者が救護行為をせず逃走するか、故意に遺棄して致死の結果に至らしめた場合、刑法の殺人罪に比べてその法定刑をより重くしたのは、刑罰体系上の正当性と均衡を失ったものであり、憲法に違反する」（1992.4.28　90憲バ24）と判断した。

　ひき逃げ事件を起こしながら救護しない行為に対し死刑を宣告するのは、誰がみてもおかしい。しかし、当時は世論も支持していたし、常識であった。

　昔の常識がいまは非常識になる。認識の進歩である。進歩する認識の目でいまの死刑制度を捉えなおす。百年後の視点に立ったつもりで、現在の死刑相当犯罪を見つめ直してみる。それでも、果たして死刑が必要であろうかと、考えてみるがよい。

死刑と憲法

　これほど死刑相当犯罪が多いのに、韓国憲法には死刑制度を直接定めた明文の規定はない。

　憲法第110条第4項に、「非常戒厳の下における軍事裁判は軍人・軍務員の犯罪や軍事に関するスパイ罪の場合と哨兵・哨所・有毒飲食物の供給・捕虜に関する罪の中で、法律の定めた場合に限り単審で裁判することができる。但し、死刑を宣告する場合にはこの限りではない」と規定されているだけである。そして、存置論者と廃止論者は、この憲法第110条第4項の「但書き」が死刑制度を正当化する根拠なのか否かをめぐって争っている。

2010年2月、憲法裁判所は、5対4の多数でもって死刑制度は違憲ではないと決定した。合憲論を展開した存置論者は、この第110条第4項「但書き」について、「文言の解釈上、死刑制度を間接的に認めている」とした（憲法裁判所　2010.02.25、2008憲ガ23）。

　これに対し、違憲論を展開する廃止論者は、多数意見の論理に対し、「憲法の制定・改正の歴史からみれば、憲法第110条4項は戦争や非常戒厳などの国家非常事態において特殊な犯罪を軍事裁判で速やかに処罰するために1962年の憲法改正の際に導入されたものである。しかし、いくら国家非常事態であっても死刑宣告だけは司法手続きによって不服申し立てができるよう配慮するために、但書きを付け加えた」と反論する（金熙玉裁判官の意見。憲法裁判所　2010.02.25、2008憲ガ23）。彼によると、第110条第4項「但書き」は死刑を正当化したものではなく、死刑を抑えて生命権を保障するために設けられたものである。

　しかし、たとえ存置論者のいうように、「文言の解釈上、死刑制度を間接的に認めている」としても、「間接的」な規定により人間の生命を奪い取ってよいだろうか。論理を離れて考えてみると、怖い話である。

　とにかく、憲法に死刑制度を直接認めた明文規定があるのかについては争われている。結局、死刑制度が合憲なのか、違憲なのかは、生命権や刑罰制度の目的、人間の尊厳と価値に関する憲法の解釈によって決められることになる。

死刑犯罪縮小論の虚構

　近頃、死刑を「反人倫的」犯罪にのみ適用し、殺人と直接関係のない犯罪には適用しないことにしよう、という意見が広がっている。死刑相当犯罪を減らそうという動きである。これを一部では「制限的死刑制度」と呼んでいる。

　死刑の適用範囲を縮小しようとする動きは、死刑の存置論の立場から

提案されたものである。死刑相当犯罪があまりにも多いという廃止派の攻撃に対し、死刑相当犯罪を減らしてその攻撃をかわしたいのである。

法務部は「裁判所は死刑を連続殺人犯や強盗強姦犯などの凶悪犯だけに宣告している」として死刑制度を正当化するが、これも、死刑制度はごく一部の犯罪にのみ適用されるという印象を植えつけ、死刑制度を残そうとする目論見である。

このような論理は、憲法裁判所の多数意見にも見受けられる。たとえば、存置派の閔亨基(ミンヒョンギ)裁判官は、「①生命を故意に侵害する犯罪、②殺人犯ではなくても生命の侵害を伴う蓋然性の高い凶悪犯罪により致死の結果に至った犯罪、③生命・身体に対する侵害や暴行など積極的な侵害行為はないけれども、敵前あるいは国家的危機・非常事態において戦争の勝敗を決定づけあるいは国家安保と直接関わる犯罪を犯した行為については法定刑として死刑が認められる。ただ、①凶悪犯や社会的危険を招く蓋然性の大きい犯罪であっても、生命に対する侵害がなく身体的法益のみを侵害した行為や、②放火・破壊・暴行など積極的侵害行為により国家と公共の安全を害した犯罪でも、生命・身体に対し侵害がない行為は、たとえその犯罪による公共の危険性が大きくても死刑を規定するのは原則的に過剰刑罰にあたる」と主張する(憲法裁判所 2010.2.25. 2008 憲ガ 23)。

しかし、故意殺人ではなく「生命の侵害を伴う蓋然性の高い凶悪犯罪により致死の結果に至った」結果的加重犯にも死刑を適用しようとした面で、依然として問題がある。

2009 年 9 月 11 日、韓国刑事政策研究院と法務部、韓国刑事法学会、韓国刑事政策学会が共同開催した学術会議で、刑事法改正研究会は ①死刑を宣告できる犯罪を生命侵害犯罪に制限する意見、②全員合意制裁判において 3 分の 2 以上が賛成する場合にのみ死刑を宣告する意見、③死刑規定は存置するが執行は反対する意見、④陪審制度(韓国では「国

民参与裁判制度」という）の拡大に伴って陪審員が同意した場合にのみ死刑を宣告する意見などを示したのち、死刑の存廃についてより多くの論議が必要であるという理由で、死刑制度の改正論議を暫く差し控えると発表した。また、絶対的終身刑については仮釈放の可能性がなく死刑よりも責任主義と合わない刑罰でありうるという理由で、現時点では制度化するのは妥当ではないといった。

　ところが2010年3月31日、15年であった有期懲役の上限を30年に、累犯など加重処罰の場合は25年であった上限を50年にする刑法改正案が国会を通過した。有期懲役がなんと最高50年まで延びたのである。50年の有期懲役は、言ってみれば無期懲役刑に等しい。

　刑法改正研究会のメンバーには死刑廃止論者も多いはずである。ところが、いざ改正された刑法は死刑の廃止どころか、むしろ刑罰の厳罰化なのである。

第2章　歴代政権の態度と死刑執行の手続き

イデオロギーに揺れ動いた死刑

　戦後における最初の死刑執行は、1949年7月14日の執行であるという。本来はこの日より早い筈であるけれども、法務部の文書保管所が1970年の火災で焼失してしまい、大検察庁と刑務所に散らかっていた死刑関連資料を整理して、この日を最初の死刑執行日に決めたという（朝鮮日報、2010年3月10日）。

　さて、1948年の政府樹立から最後の執行の行われた1997年まで50年間、韓国で執行された者は延べ902人である。年平均18人にのぼる。その40％が国家保安法（やその前身である反共法）の違反であり、イデオロギーに揺れ動いた惨めな歴史を物語っている。最近は国家保安法による死刑宣告は大変少なくなっている。しかし、南北に分かれ対峙している状況を考えれば、イデオロギーによる死刑判決がこれからもないとは言い切れない。

　死刑が最も多かったのは、朝鮮戦争の休戦（1953年）直後の1954年で、68人が処刑された。が、その半分を超える38人の容疑は国家保安法と非常措置令の違反であった。また、朴正煕政権の下の1974年では反体制運動が盛んだったこともあって58人が執行される。そのうち19人の罪は間諜罪、つまりスパイ容疑である。

　実は、朴正煕自身も軍隊での左翼活動でもって死刑判決を受けたことがある。中央日報は、死刑判決をうけて責任者に命を乞う姿が描かれている。

　「彼の答えは簡単だった。何の飾りもなかった。『一度だけ、生かして

ください…』。しかし、彼の声は震えていた。その言葉とともに、彼は涙を流していた。目元が赤くなったのが見えた」(中央日報、2010年8月3日記事)。

　共産主義の活動をしたという容疑で死刑判決をうけたが助かった人間が、同じ容疑で多くの人々を殺してしまうアイロニー。韓国において死刑は、政治的なコードを抜きにして語れないわけである。

死刑場が史跡

　ソウルの中心地から車で10分ぐらい走ると、西大門区峴底洞というところに刑務所の跡地がある。植民地時代に「京城監獄」と呼ばれていたところである。1908年に開所されてから1945年に解放されるまで、多くの独立志士が収監され苦しめられたところでもある。多くの日本人も訪れており、2001年10月には小泉純一郎元総理も訪問した。

　その後、「西大門刑務所」「ソウル刑務所」「ソウル拘置所」へと変わり、ソウルオリンピックの直前の1987年にソウル拘置所がソウル近郊の儀王市に移転された後、1992年から「西大門独立公園」になって市民から親しまれている。刑務所の建物をはじめ、「西大門刑務所歴史館」には多くの資料が展示している。

　ところが、その片隅に5メートルほどの高い塀に囲まれ、木造の建物がひっそりと残されている。1924年に建てられた死刑場であり、現在、史跡324号として指定されている。死刑場を残し史跡として指定したのは、植民地時代に多くの独立志士が処刑されたからである。

史跡324号として保存されている死刑場

　実は、ここでは独立志士のみならず、数多くの民主化運動家も処刑されている。ところが、その事実を伝えるものはどこにも見当たらない。

盧泰愚の軍事政権時代に公園に造成したので、その事実を隠したのかも知れないけれども、その後の金泳三(キムヨムサン)政権はもちろん、進歩的といわれる金大中や盧武鉉政権でも見直されないままである。

ところで、死刑は軍事独裁政権でのみ行われたわけではない。みずから「文民政権」を名乗っていた金泳三政権でも多くの死刑執行が行われた。最初、死刑廃止運動家の間では、彼は軍人出身ではないから、死刑を廃止するか、少なくとも執行はしないだろうと予測する者もいた。しかし、この読みは見事に外れた。

組織暴力団による凶悪事件が起こった1994年の15人をはじめ、1995年に19人、そして政権末期の1997年には23人を執行してしまう。金泳三政権の下で延べ57人が処刑されるが、この数字は39人を執行した軍事独裁政権の盧泰愚よりも多い。1997年12月30日の執行は、最後の執行日となっている。

執行をしなかった金大中政権

金泳三に次いで、金大中政権が発足した。濡れ衣を着せられ、死刑を宣告された経験があり、「人権大統領」として広く知られていたことから、死刑廃止が強く期待された。実際、彼の講演や著書には、死刑囚としての煩悶や苦しい経験が度々語られている。しかし、金大中政権においても死刑の廃止は実現できなかった。死刑執行はしなかったけれども、廃止のための具体的な動きもみせなかった。

事実上の廃止国の宣布式で祝辞を述べる金大中元大統領

2007年10月10日、事実上の死刑廃止国の宣布式が行われた。彼は式場にあらわれ、「今日の死刑廃止国家宣布式は、われわれの人権運動史上、もっとも意義深い日であり、最大の人権勝

第2章　歴代政権の態度と死刑執行の手続き

利の祝賀日である」と述べ、「今日の宣布式をきっかけに、生命に対する畏敬、世の中の平和、人と人との和解のメッセージが全ての国民に広まることを祈ります」と述べた。もちろん、歴代政権の中で初めて死刑を執行せず、事実上の死刑廃止国の基盤を築いた功績は言うまでもなく大きい。

国家人権委員会の廃止意見

金大中政権では、政府機関である国家人権委員会が死刑廃止の意見を表明し、大きな反響を呼び起こした。

国家人権委員会は、「個人の有する不可侵の人権を保護し、その水準を向上させることによって、人間としての尊厳と価値を具現し、民主的基本秩序の確立に資する」(国家人権委員会法第1条)目的で、2001年11月に設立された、大統領直属の機関である。

国家人権委員会の法的性格は、①立法・司法・行政に属さない「独立機構」、②人権保護・向上に関するあらゆる事項を扱う「総合的人権機構」、③人権侵害と差別行為に対する調査および救済措置をとる「準司法機構」、④国際人権規範の国内での実行を担当する「準国際機構」である。

国家人権委員会の設立は、1997年の大統領選挙の際、当時の金大中候補者が「人権法の制定と人権委員会の設立」を公約に掲げたのが切っ掛けになった。彼は大統領に当選し、公約どおり設立を進めた。ところが、委員会の地位や性格について、民間人権団体と法務部が激しく争った。民間人権団体は独立性と自立性を保障しようとしたのに対し、法務部は法務部直属の機構にしようと企てたのである。3年間におよぶ闘いの末、国民とマスコミの世論の支持をうけ、民間人権団体に軍配があがり、大統領のもとに置くことになった。もし、国家人権委員会が法務部に属することになったならば、死刑廃止の意見を表明するなどありえな

かったはずである。

国家人権委員会は 2003 年、「人権懸案の 10 大課題」の一つとして死刑制度の改善を掲げた。2004 年 11 月と 12 月の小委員会と全員委員会で死刑制度について論議し、2005 年 3 月から 4 月まで、3 回にわたる全員委員会では、①条件なしの死刑廃止案、②死刑を廃止する代わり減刑・仮釈放のない終身刑を導入する案、③死刑を廃止する代わりに一定期間減刑・仮釈放のない無期刑を導入する案、④戦時中のみ死刑を存置する案、⑤現行の死刑相当犯罪の範囲を縮小する案、⑥現行制度を維持する案など、6 つの案について検討した。そして、その結論として、2005 年 4 月 6 日、次のように意見を表明する（国家人権委員会「死刑制度についての国家人権委員会の意見」2005.5.3.）。

(a) 死刑制度は生命権の本質的内容を侵害するものであり、廃止すべきである。
(b) 死刑廃止後の措置として、減刑・仮釈放のない終身刑制度、一定期間の減刑・仮釈放のない無期刑制度、戦争における死刑制度の例外的維持などの法案は検討できるので、これらの法案の採択は国会が立法過程で考慮すべきである。

国家人権委員会の「意見表明」は、「勧告」とは違って、政府機関に対する強制力がない。しかし、国家機関の国家人権委員会がはじめて公式に死刑廃止を掲げた意義は計り知れないほど大きい。

三権分立をとる現代国家において、違憲・合憲の判断は司法府の権限である。韓国でも、現在は憲法裁判所

政府機関として初めて死刑廃止の意見表明をした国家人権委員会の全員会議

第 2 章　歴代政権の態度と死刑執行の手続き　29

が違憲判断をするけれども、以前は日本と同じく大法院（最高裁判所にあたる）が取り扱った。そして、大法院も憲法裁判所も、死刑について合憲としてきた。ところが、国家人権委員会の意見表明は、司法の判断を正面から否定したわけである。

　国家人権委員会が「廃止すべき」理由として述べている文章は、憲法判断としての立派な「違憲論」である。憲法裁判所の判断は間違っている、と注意をあたえている。憲法裁判所の面子は丸つぶれである。

　国家人権委員会が堂々と死刑廃止を主張できたのは、独立性が保障されているほかに、市民運動の代表などが委員に加わり、法的判断ばかりでなく、良識ある市民感覚を取り入れる余地ができたからだと思われる。国家委員会は委員長と常任委員3人を含む11人の委員で構成される。国会が4人、大統領が4人、大法院長が3人と、それぞれ選出あるいは指名する。死刑廃止「意見表明」では、出席した9人のなかの8人が死刑廃止に賛成し、存置派は1人にとどまった。

事実上の廃止国になる

　盧武鉉政権は金大中政権と政治的理念を共有しており、死刑を執行することはなかった。

　法務部が連続殺人犯を執行しようとしたが、失敗に終わったというエピソードが報道されている。連続殺人犯は、2003年9月から2004年7月まで21人を殺し、2005年6月に大法院から死刑判決を受けた柳永哲（ユ ヨンチョル）である。法務部は執行しようとし、前もって大統領宮の青瓦台へ意見を求めた。しかし、「人権の伸長が盧武鉉政府の最大の価値であるので、死刑は駄目だ」と止められたという（ニュ

2007年12月30日、ついに事実上の廃止国になった！

ウシス、2009年3月21日記事参照)。

　このように死刑執行はしなかったけれども、盧武鉉政権も死刑廃止は積極的にすすめなかった。それでも、任期5年の大統領制のもとで、金大中政権と盧武鉉政権だけで10年が経ち、2007年12月30日、事実上の死刑廃止国になったのである。

法務部の「変化戦略計画」

　さて、2006年2月21日、法務部は「変化戦略計画」を発表した。そのなかの「死刑制度の改善」という項目には次のように述べられている(法務部「報道資料」2006.2.21.)。

> ○法務部は死刑制度廃止の主張が社会の一角で提起されている中、アムネスティ・インターナショナルがわが国を死刑制度廃止キャンペーン集中対象国として選んだ状況を深く認識し、死刑制度の存廃問題と共に制度の改善方案に関してより根本的に深く研究することにした。
> ○まず、死刑廃止国家における強力犯罪の発生推移の分析を通じて、死刑制度の有する犯罪抑止力の有無および死刑制度が廃止される場合に社会に及ぼす影響を研究し、
> ○絶対的終身刑を導入した国の制度運営の実態を分析し、絶対的終身刑を導入することが妥当かどうかに関して研究をするとともに、死刑制度の存廃論議とは別に現行法における死刑規定の個別的妥当性を検討し、十分な死刑・量刑審理を前提に慎重な死刑宣告が行われるよう、裁判システムを改善する必要があるか否かを研究する計画である。
> ○そして、これらの研究成果をもとに、2004年、柳寅泰(ユインテ)議員などが発議した死刑特別法案の国会審議を支援する予定である。

第2章　歴代政権の態度と死刑執行の手続き

千正培法務部長官は、法務部の変化戦略計画について、「死刑制度の問題点が何であり、犯罪予防的機能が何であるかを、実証的に研究し検討することによって、国会をはじめ死刑制度の存廃問題に対する国民的討論が行われる手助けをします。法務部が特定の立場を定めたのではなく、先入観なしに深く研究するつもりである」と説明した。

　しかし、この「変化戦略計画」は、単なる研究のためではない。法務部が戦略を「変化」するとは、結局「死刑存置」から「死刑廃止」への戦略変化を意味する。千正培長官は、みずから廃止論者を名乗る人である。彼は、過半数を超える国会議員によって死刑廃止法案が国会に提出された様子をみて、死刑廃止にうって出たのである。

　しかし、千正培長官の狙いは、検察出身の後任者が長官に就くことにより、台無しになった。後任の金成浩長官は、「廃止と維持、どちらに行くべきかは、国民的コンセンサスが要る。まだ80%以上が廃止に反対であるという結果が出ているので、これを無視することはできない」と言った。

李明博政権でも執行ゼロ

　ところが、李明博政権の船出で、死刑廃止の流れは一変してしまう。彼は大統領候補者のときに、死刑存廃の意見を聞くアンケート調査に対し、全く答えてくれなかった。他の候補者たちは、少なくとも在任中は執行しないという答えたのにである。そして、2009年の2月、女子中学生の強姦殺人犯が逮捕され死刑執行の世論が沸騰すると、それを口実に、与党に死刑執行を論議するよう指示した。後述のように、様々な理由により執行はできなかったけれども、李明博政権ではいつ死刑が執行されるかわからないということを強く印象づけた。いずれにせよ、李明博政権でも執行はゼロである。

死刑執行の最終決定は大統領

　韓国の刑事訴訟法の条文を見る限り、死刑執行はすべて法務部長官の権限であって大統領が死刑執行に介入する余地はないように見える。

　しかし、法務部長官が独自に死刑執行命令を出すことはほとんどできない。法務部長官は政治的・社会的に判断し、大統領の了解を得なければ執行命令を出せないのが実情である。大統領中心制をとっている韓国ならではの特徴であるといえるけれども、死刑制度が政治と深く結びつかざるをえない原因の一つである。

　法務部長官が死刑執行書にサインをすると、死刑囚が収容されている全国の拘置所に大検察庁の命令書が送られる。執行予定の死刑囚の写真を撮り、健康診断をしてその結果を報告しろという内容である。刑務官たちはこの命令書をみて、死刑執行が近づいたことを察する。そして報告をうけた法務部長官は、だいたい執行の前日に死刑執行命令書を拘置所長に送る。

死刑執行のタイミング

　韓国では、前任の大統領が後任者の負担を軽くするために、政権の末期に死刑を執行する慣わしがあるといわれている。確かに、金泳三政権が最後の執行を行った1997年12月は、彼の任期が3ヶ月しか残っていなかった時期であった。

　しかし、後任者の負担を軽くするという「思いやり」のため、死刑を執行するという慣わしが真なのかは疑わしい。韓国の政治史をみると、前任者と後任者が平和裏に仲良く交替したケースはあまりない。前任者が仲の悪い後任者の負担を軽くするという思いやりで死刑を執行するというのは、理屈に合わない。実際、前任者の金泳三と後任者の金大中は仲が悪かった。

　しかも、金大中自身は元死刑囚である。容共分子の支援をうけ全国的

な蜂起を企てたとして内乱陰謀罪で起訴され、1981年1月23日、大法院で死刑が確定する。いわゆる「金大中内乱陰謀事件」で、全斗煥の新軍部が政治的目的で作り上げたでっち上げであった。結局、2004年1月29日、ソウル高等裁判所の再審裁判で無罪が宣告される。

　冤罪により死刑囚にさせられた金大中が死刑制度に反対することは、金泳三も知らない筈がない。金大中政権の負担を軽くするために死刑を執行したという話は筋が通らない。結局、金泳三の死刑執行は、失政により国家経済を破綻させたことに対する国民の厳しい目を逸らすための政治的策略である。後任者の負担を軽くするために死刑を執行するというのは神話であると思われる。

　さて、死刑執行のタイミングは何を基準にして図るのか、私にはわからない。ただ、これまでのケースで見ると、死刑の執行は政局が混乱した時期に国民の関心を逸らすか、あるいは凶悪事件が起こった時に見せしめに行われることが多いのは確かである。この目論見を達成するためには、処刑人数は多い方がいいし、執行の対象も国民の脳裏に刻まれている悪名高い凶悪犯罪者のほうがよいであろう。

　しかしながら、執行するかどうか、そしていつ執行するかが、政治的・社会的思惑によって左右されるのはいかがなものであろうか。後任者の負担を軽くするために死刑を執行するという、絶対赦せない暴挙が人口に膾炙すること自体がおかしいのである。

執行の準備と地獄三丁目

　「刑の執行及び収容者の処遇に関する法」（以下「行刑法」という）は死刑の執行について、「矯正施設の死刑場で執行する。公休日と土曜日には死刑を執行しない」（第91条）と定めている。これが死刑の執行に関する行刑法の唯一の条文でる。ここでいう矯正施設とは、刑務所や拘置所およびその支所を指す（行刑法第2条第4号）。死刑の執行は、かつ

ては、高等裁判所の所在するソウル・釜山・大邱・光州・大田の拘置所において行われていた。

　死刑囚は未決囚である。裁判は終わっても、既決囚ではない。死刑囚が既決囚になるということは、もうこの世の人間ではないということを意味する。処刑されてはじめて既決囚になる。もう人間ではなく物である。

　執行の当日まで、死刑囚には執行の事実を知らせない。でも、本人は死が差し迫ったのを嗅ぎだすという。執行の当日は、すべての死刑囚に運動をさせないからである。流してくれるテレビ番組も観れない。拘置所のあらゆる通路の出入りが厳しくチェックされる。死の沈黙が重く漂う。

　死刑囚を監房から死刑場まで連れ出すのを、「ヨンチュル」という。「ヨンチュル」とは漢字の「連出」をハングル読みしたものである。もともと、韓国では連れ出すことを「ヨンチュル」とはいわない。韓国人の多くは「ヨンチュル」の意味を知らないまま使っている。私も、留学してから初めてヨンチュルの語源がわかった。

　死刑囚が抵抗するので、連れ出しは体が丈夫な、武道で鍛えられた三人の刑務官が担当する。連れ出しの際、死刑囚が自殺したりもがくかも知れないので、その事実を隠すために舎棟の入り口で全ての死刑囚を呼び出す。そして、監房から絞首台へいく道の角で、教務係長や宗教担当者と顔を見合わせる。この道を「ジオク・サンジョンモク」と呼ぶという。「ジオク・サンジョンモク」は「地獄三丁目」のハングル読みである。これも日本語であり、どうしてこのように呼ぶかを知っている人に会ったことがない。

　外に連れ出された死刑囚のなかで、二人の刑務官により肩を握り締められた死刑囚、彼が執行されるべき人である。執行を免れた残りの死刑囚はそれぞれ自分の監房に戻る。が、恐怖のあまり数日間はまったく食

第2章　歴代政権の態度と死刑執行の手続き

事を口にしないという。

　1983年からソウル拘置所で牧師として教化活動をする一方、韓国プロテスタント死刑廃止運動連合会会長を勤める文長植さん。死刑執行をしていた15年間、死刑囚の最後を見守っていた証人である。「死刑囚が刑務官によって連れ出される場面は、まるで牛が屠殺場に入れられる格好と同じです。執行官も立会人も見ていられない姿です。中には、犯人じゃないのにどうして死ぬんだと泣き叫ぶ人もいて、今もその姿が目に浮かびます。死刑執行から数ヶ月間は、私もショックのあまり人格が麻痺したような精神的苦痛に苛まれ、病気になったり教化の意欲を失うことが多かったです」と証言する。

　「所長は死刑を執行した場合には、死体を検視した後、5分が経たなければ絞首刑に使った綱を解くことができない」(行刑法施行令第111条)。

未決囚という不安

　2009年11月、死刑囚が拘置所の監房で自殺する事件が起きた。婦女13人を殺した連続殺人事件の犯人、鄭南奎である。彼は拘置所が支給するゴミ袋を集め1メートルぐらいの紐を造り、壁に固定した105センチ高さのテレビ台にかけて首吊り自殺をした。遺書には、「赦してもらえない罪を犯して申し訳ございません」と、短い文章が書かれていたという。死刑囚としての最初の自殺は、2007年2月、拘置所で寝袋の紐を窓の格子にかけて首吊り自殺をした事件だという。

　死刑囚は死を予約された者である。しかし、「いつ」殺されるかはわからない。自分では死ねない。国家が殺してくれるまで待たなければならない。自殺も許されないので、死刑しか死ぬ道はない。どうせ死ぬ者だから生への執着を捨てればよいというかもしれない。しかし、いくら悪者でも自愛の情を簡単には捨て切れない。

死刑に賛成の刑務官

　死刑囚の首に綱をかけて殺さなければならない執行官の役目はつらいであろう。ところが、国家人権委員会の世論調査によれば、何と88.7％の刑務官が死刑の存置を望んだという意外な結果が示された。廃止に賛成したのは11.3％しかない。

　どうしてこのような結果が現れたのか。アンケート調査をした国家人権委員会の報告書は、その理由を次のように分析する。

　死刑囚の受刑態度は二通りに分けられる。一つは、一般受刑者よりも深く教化されて真の人間に生まれ変わった人である。このような人の場合は、執行が延びれば延びるほど、刑務官にとって死刑執行は、まるで友達を殺すような気持ちになってしまう。逆に、全く教化されず、刑務官を呪い同僚受刑者を苦しめる死刑囚もいる。刑務官にとっては、こんな人間は早く死んでほしいと思って死刑執行に賛成した、と。

　しかし、私は、この分析よりも、調査そのものをあまり信じない。現場で死刑囚に接する刑務官たちの苦労は大変であろう。でも、自分たちを苦しめるから執行してもよいという感覚は信じられない。

　私の出会った刑務官の中には、死刑に賛成する人ももちろんいる。矯正本部（日本の矯正局にあたる）の幹部であるが、彼が死刑に賛成したわけは微妙であった。つまり、自分は死刑執行に関わらないという安心感から、容易く死刑に賛成していたのである。死刑囚の首に直接綱を掛け執行のボタンを押さなければならない、一般刑務官の気持ちや立場を察する余裕は彼には見えなかった。

本音をいえない刑務官

　いかに死刑制度が合法だとはいえ、命を絶つ死刑執行に携わる刑務官たちは、相当な精神的苦痛に苛まされるはずである。死刑執行の経験を

もつ光州刑務所の刑務官は、「死刑執行に加わりたくないので、妻が妊娠した、両親が病気である、嫌な夢をみた、という言い訳をして執行役を避けますし、休暇をもらって休んでしまう場合もあります」と証言する。死刑執行を担当することになった刑務官の中には、精神的な苦痛に耐え切れず、刑務官を辞めてしまった人や、精神病を患った人もいるという。

　また、刑務官は本音をなかなかいえない立場にあることも考慮すべきである。刑務所を見学して刑務官の仕事ぶりをみると、兵隊のように厳しい儀式と固い勤務態勢をみることができる。犯罪者を取り扱う立場からみれば、厳格さはある程度理解できる。

　問題は、厳しい上下関係の職場環境において、本音を言い表すことはなかなか難しいことも事実である。世論調査の結果、法務部にとって芳しくない調査結果がでた場合、犯人探しが行われるかもしれないし、責任が追及されるかもしれない。

　ある学会で、死刑の存廃と受刑者の処遇について論議したとき、論文を発表した矯正本部（日本の矯正局にあたる）の幹部に直接質問をぶつけた。死刑廃止についてどう思うか、と。彼は答えた。「わたしたち刑務官は力がない。言われるまま、仕事をしなければならない。もし、死刑が廃止されてくれれば、私たち刑務官にとってもいいことです」、と。

死刑執行官のトラウマ

　ここ何年間、韓国では、口蹄疫やAIなどの動物の伝染病が流行り、たくさんの牛や豚、鶏を殺処分したり生き埋めにした。ところが、ある国会議員の調査によると、動物の殺処分に加わった防疫担当の公務員の71.1％が精神的ストレスや睡眠障害に苛まされている（2011年1月6日、金用雨（キムヨンウ）議員の報道資料）。

　「Bさんはシャベルと棒を持って豚2290頭をピットに追い込み生き埋

めにしました。『大きい豚は簡単に入ってくれるけれども、子豚たちは逃げ回るため、袋に3頭ずつ入れてピットに投げ入れる作業をしました』。小動物一匹も殺したことのないBさんが初めて経験した屠殺作業からうけた感じは、ショックそれ自体であった。『初めは可哀想な感じがして優しく追い込みました。ところが、だんだん仕事が大変な量になり腹が立ってきたので、狂ったように片っ端から棒で殴って豚を追い込みました』、と惨めな瞬間を伝える。Bさんはそれ以降、不眠症と鬱になったという」（ソウル新聞、2010年12月30日）。

　牛や豚の動物を処分するのにこんな具合である。ましてや人間を殺すのに、平気でいられるはずがない。地方の刑務所へ見学に行く途中、地方の国道沿いに「殺処分の後遺症で苦しんでいる人は保健所に申し出なさい」という横断幕が風に揺られているのを偶然見かけた。地方公共団体が心理治療を始めたのである。

　ところが、法務部が死刑を執行した刑務官に心理治療をしたという話は、まだ聞かない。そこまで目がとどかないのか、それとも、心理治療を施したら死刑執行は大変だということを認めることになるので見て見ぬふりをするのか。過酷なのに過酷ではないように装う。法務部も、執行官も、そして私たちも。

動物の「加工」と人間の「死刑」

　2011年6月、1000人の動物権利保護運動家がインドネシアで行われている動物の殺し方に抗議し、街頭デモを行ったという記事を読んだ。アメリカのABC放送が流した残酷に殺される動物の映像を見て、市民たちがショックをうけ、人道的な方法を取るよう主張したという。

　食用動物を殺すことを「屠殺」という。動物を殺す方法を法律はどう定めているかが気になった。調べてみたら、「畜産物衛生管理法施行規則」に動物の種類による殺し方が細かく定められていた。例えば、牛や馬、羊・

豚などの哺乳類の屠殺方法は以下のように定められている。
　①家畜は屠殺の前に体の表面に付いている汚物を取り除いた後、きれいに水で洗わなければならない。
　②屠殺は打撃法・電殺法・銃撃法・刺撃法またはCO_2ガス法を利用しなければならず、放血の前後に延髄や脊髄を破壊する目的で鉄線をつかう場合、その鉄線はステンレス製で消毒したものを使用しなければならない。
　③放血法
　—放血は首の動脈を切断して実施する。
　—首の動脈を切断する時は、食道および器官が損傷をうけてはならない。
　—放血の際は、後ろの足を天井にかけて放血することを原則とする。

　文字を目で追うだけで、背筋がぞっとしてしまう。文字そのものに血がついているような感じさえする。それでは、人間を殺す「死刑」はどうであろう。動物の屠殺と同じく、死刑の方法も細かく定めたものがあるだろうか。法律にはそんな規定がない。法務部の内部文書にはあるかも知れないが、まだ私の手元にはない。
　死刑の方法がどんなものであれ、人間を殺すこと自体がもう恐ろしいことである。動物の殺し方も残酷なのに、人間を殺す死刑が残酷でないはずがない。もし、死刑が残酷に感じられないならば、その人間はきっと狂っているに違いない。
　事実上の廃止国になったとはいえ、死刑宣告は今も続いている。〈表1〉は、1990年以降の第1審と控訴審の死刑確定者をあらわしたものである。かつては第1審の死刑確定者が20〜30人を超えていたが、2002年以降は一桁で安定している。2012年6月現在、確定死刑囚は58人である。

〈表1〉第一審と控訴審における死刑判決

年度	第1審	控訴審	年度	第1審	控訴審
1991	35	8	2001	12	2
1992	26	5	2002	7	0
1993	21	0	2003	5	0
1994	35	0	2004	8	1
1995	19	1	2005	6	0
1996	23	1	2006	6	1
1997	10	0	2007	0	4
1998	14	1	2008	3	1
1999	20	0	2009	6	0
2000	20	3	2010	5	1

第3章　死刑制度に対する司法の判断

空っぽの大法院の判決理由
　韓国では、法律が違憲なのかどうかを憲法裁判所が審査する。そして、2010年2月25日、憲法裁判所は死刑制度は合憲と決定した。ある程度は予想していたけれども、とても残念な結果である。
　死刑制度の違憲性を問う裁判は、これまで何度もあった。憲法裁判所が設置される前に、大法院（日本の最高裁判所にあたる）時代も、違憲訴訟が提起されたことが何度かあった。が、いずれも合憲とされた。
　まず1983年、大法院は「人道的または宗教的見地から尊い生命を奪う死刑は避けなければならないのは異論を許さない。しかしその一方、犯罪により侵害される、もう一人の命を無視することはできず、また社会公共の安寧と秩序のために生命刑の存置を理解できなくもない。これは、すなわちその国の実定法にあらわれる国民的総意として捉えられるし……」（大法院1983.3.8. 宣告82ド3248判決）といって、死刑制度を合憲とした。長さが10行ぐらいしかない。判決理由というには及ばないものであった。
　また、1990年の判決では、「国家の刑事政策により、秩序維持と公共福利のため、刑法に死刑という刑罰を規定したからといって、これを憲法に違反したものだといえない」（大法院1990.04.24宣告90ド319判決）というにとどまった。そして、1991年の判決でも、「憲法第12条第1項は刑事処罰に関する規定を法律に委ねただけで、処罰の種類を制限していないし、現在わが国の実情と国民の道徳的感情などを考慮して、国家の刑事政策により秩序維持と公共福利のために刑法などに死刑という

処罰の種類を規定したからといって、これが憲法に違反されるとはいえない」（大法院 1991.2.26 宣告 90 ド 2906 判決）とし、1990 年の判決を受け継いだ。

憲法裁判所の発足と変化

　ところが、憲法裁判所の発足に伴い、判決理由が少し長くなる。しかし、1993 年の憲法裁判所の判決の判決理由は、ほぼ法務部の意見を紹介する形で、「死刑を宣告させた犯罪や被害者の生命の価値を考慮せず、死刑自体が人間の尊厳と価値を否定する刑罰だと断定するのは妥当性がなく、刑罰の本質は応報にもあるといえるので、反社会的犯罪に加えられる社会の道徳的反応の現れである死刑制度は社会の安定に資するのはもちろん、犯罪被害者および一般人の人間としての尊厳と価値を保護する効果もあるといえる。よって、死刑制度を規定した法律は憲法に違反するとはいえない」（憲法裁判所 1993.11.25 89 憲マ 36

　ちなみに、この裁判で弁護人の李相赫（リサンヒョク）弁護士は、日本の最高裁の判決を引用し、「一人の生命は全地球より重く、大切で絶対的であり」と、死刑の違憲性を主張した。日本の最高裁（昭和 23 年 3 月 12 日大法廷判決）が合憲論を展開するために使ったフレーズを、韓国では違憲論を展開するために使われたのである。

　最初日本の最高裁の判決に接したとき、日本語の不達者なわたしはとうてい理解できなかった。もし、「一人の人間の命は全地球より重い」というフレーズが死刑制度の否定に使われていたら、きっと世界の名言集に載せられたに違いない。

　最高裁判所が死刑制度について本格的に論じるのは 1996 年の判決である。「死刑が比例原則に従って、少なくとも同じ価値のほかの命またはそれに劣らない公共利益を保護するための不可避性が満たされる例外的な場合にのみ適用される限り、たとえそれが命を奪う刑罰であっても

第 3 章 死刑制度に対する司法の判断

憲法に反するとはいえない」「人間の生命を否定する犯罪行為に対する不法的効果として、極めて限定的な場合にのみ科される死刑は、死に対する人間の本能的な恐怖心と犯罪に対する応報欲求が相俟って考案された必要悪として不可避的に選択されたものであり、今も依然として機能している点で正当化できる」（憲法裁判所 1996.11.28, 95 憲バ 1）。

　合憲としながらも、死刑制度を「必要悪」といって部分ながら否定的に捉えたこと、また違憲の意見がはじめて二人現れたことは、この裁判の大きな特徴であるといえる。

憲法裁判所の「合憲決定」

　そして、2010 年 2 月 25 日の憲法裁判所の合憲決定である。この決定は、合憲 5 対違憲 4 で意見が分かれた。違憲になるには全体の 3 分の 2 にあたる 6 人の違憲意見が要るわけだが、前回の 1996 年判決における合憲 7 対違憲 2 と比べて、合憲意見が減り違憲意見が増えたのは大きい。
この合憲決定の大きな特徴の一つは、「死刑制度が違憲であるか否かの問題は憲法裁判所の権限であるが、死刑制度を法律上存置するか廃止するかの問題は立法府が決めるべき立法政策的な問題である」としたところにある。死刑制度は合憲であるけれども、なくすかどうかは国会が判断してほしいと、ボールをトスしたわけである。

死刑制度について合憲決定をした、2010 年 2 月 25 日の憲法裁判所

合憲論と違憲論の言い分

　今回の憲法裁判所の決定には、合憲論と違憲論が正面から論理をぶつけている。その全文をすべて紹介するのはとても無理である。合憲論にしろ違憲論にしろ、論理的な根拠は互いにすべて出したつもりである。

　〈表2〉は、存廃において大きく分かれた、様々な論点に対する存置論と廃止論の要旨を整理したものである。この決定には補充意見や一部違憲など、若干異なる意見が示されているが、合憲と違憲の代表的な意見だけを紹介したことを断わっておく。

〈表2〉合憲論と違憲論の言い分
① 立法目的の正当性と手段の適切性について

合憲論	違憲論
死刑は、これを刑罰の一種として定めることにより、一般国民への心理的威嚇を通じて犯罪の発生を予防し、これを執行することによって極悪な犯罪に対する正当な応報を通じて正義を実現し、当該犯罪人自身による再犯の可能性を永久に遮断することによって社会を防御するという公益上の目的をもった刑罰であり、このような立法目的は正当であるといわなければならず、究極の刑罰である死刑はこのような立法目的を達成するための適した手段であるといえる。	立法目的の正当性は一応憲法的に認められる。 (手段の適合性) 死刑制度の場合、その制限される基本権は人間存在の根源である生命を内容とし、あらゆる基本権の前提になる生命権であるのにも拘わらず、刑罰の一つとしてこれを剥奪するのが他人の生命を否定するなどの極悪な犯罪に対する応報や特別予防または一般予防という刑罰の目的に寄与するところは決して明らかだとはいえない。したがって、死刑制度は人間の尊厳と価値を闡明し生命権を保障するわが憲法の体系では、その立法目的に対する手段の適合性を認めることができない。

② 被害の最小性について

合憲論	違憲論
死刑は無期懲役刑や仮釈放の出来ない終身刑よりも犯罪者に対する法益侵害の程度が大きい刑罰であり、人間の生存本能と死に対する根源的な恐怖まで考え合わせると、無期懲役刑などの自由刑よりもっと大きな威嚇力を発揮し、それによって最も強力な犯罪抑止力をもっていると見なすのが相当である。また、残虐な方法で多数の人命を殺害した犯罪などの極悪な犯罪の場合は、犯罪に対する無期懲役刑などの自由刑の宣告のみでは、刑罰による犯罪者の法益侵害の程度が当該犯罪による法益侵害の程度および犯罪者の責任に及ばないだけでなく、これによって被害者の家族および一般国民の正義観念にも符合できない。結局、死刑は、無期懲役刑などの自由刑に比べ、一般的犯罪予防目的および正当な応報を通じた正義の実現という目的の達成においてより効果的な手段であるといえ、このような立法目的の達成において死刑と同じ効果を現しながらも死刑より犯罪者に対する法益侵害の程度が低い他の刑罰が明らかに存在するとはいえないので、死刑制度は最小侵害性の原則に反するとはいえない。また、人間の作り出したいかなる司法制度も欠点がないはずがなく、刑事裁判における誤判の可能性は	刑罰の一般予防的機能はあえて犯罪者の生命を剥奪しなくても、たとえば仮釈放のできない無期刑などの自由刑を通じても達成できる。生命を剥奪する刑罰は誤判の危険に対して、それによる基本権制限の緩和や回復のためのいかなる手段もなく、その侵害の程度が究極的かつ全面的であるので、これは誤判の効果的な是正を通じた刑事司法的正義の実現を諦めたことになるので、人権と正義を保証しようとする実質的な法治主義に符合しない。 死刑制度はこれを通じて確保しようとする重大犯罪に対する刑罰としての機能を代替できる無期自由刑などの手段を考慮できるのにも拘らずこれを無視し、犯罪人の根源的な基本権である生命権を全面的かつ究極的に剥奪する過度な制度であるので、被害の最小性原則に反する。

司法制度の有する宿命的な限界であるというべきであり、死刑という刑罰制度そのものの問題とはいえない。したがって、誤判の可能性およびその回復の問題は審級制度や再審制度などの制度的装置およびその改善を通じて誤判の可能性を最小化することにより解決すべき問題であり、これを理由に死刑という刑罰の賦課そのものを最小侵害性の原則に反して違憲であるとは言えない。

③法益の均衡性について

合憲論	違憲論
あらゆる人間の生命は自然的存在として同等な価値を持ったといえるけれども、その同等な価値が互いに衝突したり生命の侵害に劣らないほど重大な公益を侵害する場合は、国民の生命・財産を保護する責任を有する国家は、どんな生命または法益が保護されるべきであるかその規準を示すことができる。死刑制度によって達成される犯罪予防を通じた無辜なる一般国民の生命保護など、重大な公益の保護と正義の実現および社会防衛という公益は、死刑制度により発生する極悪な犯罪を犯した者の生命権剥奪という私益よりも決して少ないとはいえないだけでなく、多数の人命を残虐に殺害するなどの極悪な犯罪に対し限定的に賦課される死刑がその犯罪の残虐さに比べて過度な刑罰とはいえないので、死刑制度は法益均衡性の原則に違反しない。	死刑は常に犯罪が既に終了した後、捜査および裁判を受けて刑が宣告され収監中の個人に対する意図的で計画的な生命の剥奪である反面、死刑を通じて保護しようとする他人の生命権やこれに準ずる重大な法益はすでにその侵害が終了されて犯罪者の生命や身体を剥奪すべき緊急性や不可避性がない状況であり、死刑制度が追い求める社会防衛と犯罪予防という公益がどれほど実効性をもつものなのかは明確ではない。ならば、すでにそれ自体として公益の比重に比べて死刑により侵害される私益の比重が遥かに大きいので、法益の均衡性は認められない。

第3章 死刑制度に対する司法の判断 | 47

第4章　死刑と被害者感情

扱い難い「感情」

　死刑廃止運動をしていると、もっとも厄介なのが「被害者感情」の問題である。感情とは、まさに感じる情けのことである。理論ではない。理論であるならば、根拠を出し合えばなんとかなる可能性がある。必ずしも決着がつくとは限らないけれども、認めるものは認めるぐらいの余地はある。ところが、感情は異なる。理論的な根拠を示してもなかなか納得してくれない。根拠の問題ではない。とにかく自分はこう感じるんだといえば、それっきりである。話が進まない。

　もちろん、感じることが悪いんだという意味じゃない。理論だって所詮は、感じたことを理屈で肉付けしたものなのかもしれない。要は、感情の出し方にある。自分の感じたことを相手に説明し納得させることが重要である。

　ところが、死刑の存廃について議論をすると、存置側、とりわけ「感情」を根拠に取り上げる人は、もっぱら「感情」を口にするだけで、その中身については語らない。はじめに「感情」ありきである。

　感情を楯にした存置論者に対して、廃止論者はなかなか歯がたたない。「感情」に対し「理論」で答えては、議論がかみ合わない。存置論者の感情論に勝る廃止論者の理論などありえない。

　殺人犯をぶっ殺したいという被害者遺族の感情に対して、それは間違いだと正面から言える廃止論者もいない。廃止論者も「感情的には」殺人犯を殺したい。

「感情」と「正義」の区別

　犯人を殺したいという被害者遺族の感情を目の当たりにし、廃止論者はただ萎縮している。死刑存置論者は被害者遺族の感情を武器に正義の旗をふるう。

　それでは、被害者遺族の感情どおり、死刑を執行しなければならないだろうか。私は、違うと思う。「感情」と「正義」は区別されるべき、異なる概念だからである。

　これまで私たちは、被害者の「感情」を「正義」と置き換えて捉えてきた。自分の家族を殺した者を殺してやりたいという遺族の感情はなんら間違ってない。しかし、遺族の感情が間違っていないことと、その感情を尊重して死刑にすることとは別の問題である、と私は思う。

　感情はまさに感じた情けであり、正義のレベルで議論すべき問題ではない。なのに、死刑存廃の話になると、いつの間にか「感情」は机上に載せられ、「正義」に変身してしまうのである。

乗り越えられない被害者感情

　存置論にしろ廃止論にしろ、理論的な根拠づけはほとんど出尽くしていると思う。目新しい理論はあまり目立たない。そして、廃止論が存置論のいうほとんどの論拠を乗り越えたし、少なくとも理論的には存置論に勝るとも劣らないと思う。ただ一つ、被害者遺族の感情を除いて。

　存置論者と討論する際、相手からよく問い詰められる質問がある。「あんたの家族が殺されても、死刑廃止を主張するつもりか」と。この問いにどう答えるべきか、けっこう悩んだことがあった。「家族の死」は想像できないし、したくもない。想像できない質問に、すんなり答えが出てくるはずがない。また、想像することと行動に移すことが一致しないケースが少なくない。こうすると答えたからといって、必ずしもそのとおり実践するとは限らない。

ところが、相手は迫ってくる。想像してでも答えろ、と。それでやむを得ず、現段階で想像してみる。大事な家族が殺されたとしたら、私は、どういう態度をとるだろうか。

しかし、極限的な状況を想定して「お前はどうする」と聞くのは、あまりにも酷である。死刑の存置・廃止を決めるのに極限状況を想定する必要はあろうか。戦争のような非常事態でもあるまい。しかも、法律は極限状況を前提につくられたものでもない。今ここ、わたし達の生活のなかでどうするかを考えるのが重要である。

韓国を震撼させた連続殺人事件の被害者家族に会っている。お母さんと奥さん、一人息子の3人を惨めに殺された高貞元(コジョンウォン)さん。彼は、信仰の力でもって家族を殺した犯人を赦し、大きな反響を呼び起こした。

赦し（forgive）とは本来、「for-（completely）+giefan（give）」、つまり「全てをあげる」という意味だという。全てをあげることができるとき、初めて赦しは可能なのである。赦すことは、容易いことではない。

自分は高貞元さんのように犯人を赦すことができるか。いや、自分は高さんの真似なんか絶対できないと思う。高さんが犯人を赦したのは、復讐感情を乗り越えようと信仰でもって熾烈に努力した結果であって、自然な流れではない。わたしは、熾烈な努力などしないだろうし、できないと思う。

犯人ユ・ヨンチョルの手紙を読み上げている高貞元さん

答えられない質問

自分の家族が殺されたらどういう態度をとるか、想像できない。想像したくもない。その時にならなければわからない。おそらく気が動転し

てしまい、何が何だか分からなくなるだろう。理性を失って感情を爆発し、報復を誓うかもしれない。包丁をもって、仕返しに行くかもしれない。こういうと、わたしを「エセ」廃止論者だと批判する人がいるかもしれない。この批判は正しい。人の命は大切だと死刑廃止論を主張するくせに、いざ自分のことになると発言と異なる態度をとるのは矛盾だからである。それれでも、私はこの批判を否定するつもりはない。

　感情を爆発させるだけで、実際は犯人を殺せないだろうと思うけれども、これもまだ断定できない。殺すかも知れないし、殺せないかも知れない。とにかく、理論を立てて綺麗ごとをいって言い逃れをするつもりはない。

ただ、一つだけ言いたいのは、私が犯人を殺したいと暴れたときに、国は私のいうとおりに死刑にしておしまいとするのではなく、私を慰めてほしいということ。これこそ国の仕事であり、行儀作法だと思う。

被害者感情は存置論の味方か

　被害者遺族の感情が、必ずしも存置論者の味方なのかも疑わしい。

　大切な家族を失ったというと、私たちは悲惨な殺人事件だけを思い浮かべる。しかし、日常的に起こっている交通事故による死亡事件だって、被害者は殺人事件に劣らないほど、赦せない感情を覚えるはずである。故意か過失かによって感情が異なりうるとは思うけれども、大切な家族を失ったという被害を見たら、故意も過失も同じである。

　過失による殺人に対して殺せとは言えないのは、世間の目が気になるからであって、本当の気持ちは故意殺人と変わらないかも知れない。飲酒運転による死亡事件を考えればよい。

親族による殺人と被害者感情

　故意殺人だとしても、考えるべき問題がある。

私たちは悲惨な殺人事件が起きたというと、赤の他人による殺人事件を思い浮かべる。しかし、殺人事件においては、赤の他人による殺害はそれほど多くない。〈表3〉は、2010年における加害者と被害者との関係を現したものである。殺人犯が他人であるケースは20.7%に過ぎず、親族による殺人の21.3%とほぼ同率である。友達や恋人関係が15.9%で、隣人が16.1%、職場の同僚が4.5%の順である。

〈表3〉殺人事件における被害者と加害者との関係（2010年）

計	1,073（人）	%
職場の同僚	48	4.5
友達・恋人	171	15.9
親　族	229	21.3
隣　人	173	16.1
他　人	222	20.7
その他	80	7.5
未　詳	150	14.0

出典）『2011年犯罪白書』〈表I-24〉参照。

　犯人が赤の他人ならば、その犯人を殺せと容易にいえる。しかし、たとえば家族どうしの殺人事件であるならば、話は単純ではない。家族は被害者遺族でもあり、犯人の家族でもあるからである。殺人犯に対し世間が殺せと大合唱をする際、当の家族はどんな気持ちでいるだろうか。事件に遭わない私たちは、あくまでも第三者である。いくら感情移入されたとしても、当事者にはなりえない。当事者の気持ちは、決して容易に察し得ない。

「法感情」という怪物

　被害者感情とは同じ次元で出てくるのが「法感情」である。
　しかし、わたしは、法感情とはいったい何をいうのかよく分からない。法感情における「法」は「正義」を言い表わすだろう。そうしたら、法感情とは「正義の感情」という意味になる。それでは、正義の感情である法感情は、いかに形作られるだろうか。もって生まれるだろうか、それとも環境や教育によって後天的に形づけられるだろうか。
　私は、以前は、人間は死刑存置論者として生まれる筈だと思っていた。悪いことをしたら罰せられるべきだ、とみんなが考えるだろうと思ったからである。しかし、いまはこの見解を改めた。
　もし、生まれながら死刑存置論者になるという「生得説」をとるとしたら、後天的に考え方が変わる機会はありえなくなる。しかし、周りを見渡すと、存置論者から廃止論者に変わった人は結構いる。もちろん、逆のケースもあるけど。とにかく、人間は「生まれ変わる」のである。人間の法感情は必ず死刑存置に傾くと思うのは、先入観であり偏見である。死刑を廃止すべきだと考えるのも、また法感情だからである。死刑存置の法感情もあるし、死刑廃止の法感情もありうる。
　私たちは子供の時から、悪いことをしたら親から叱られたり叩かれたりした。人を殺すことは最も悪いことだと教えられた。人を殺した人間は赦せないと思うのは、自然の成り行きである。しかし、赦せないからといって、必ずしも死刑にしなければならないわけではない。死刑は赦せない法的刑罰の一つに過ぎない。
　人を殺した人間を赦せないのは、人間共通の道徳感情であると思う。廃止論者の私も、殺人犯は憎いし、なかなか赦せない。しかし、道徳的に赦さない感情を法感情、すなわち正義と同値するのは飛躍だと思う。殺したいのは確かに人間の感情でありうるけど、死刑は必ずしも法感情ではない。死刑を廃止すべきだという法感情も認めるべきである。韓国

第4章　死刑と被害者感情　53

にも、死刑廃止の法感情をもった人が20〜30パーセントいる。こんな人々は確かに少数派であるけれども、決して人数が少なくはない。全人口が5000万人だから、30パーセントだとすれば、なんと1500万人にもなる。

人の命を多数決で決めるべからず。風向きが一変すれば、少数派は多数派に成り変る。

同害報復のおかしさ

「目には目、歯には歯」というタリオの法則でもって、死刑を正当化する立場もある。

しかし、暴行を働いた者に対して、刑罰として暴行を加えることはないし、傷害を起こした者に対して、刑罰として傷害を加えることはない。私的復讐を禁止した近代刑罰体系において、同害報復は認められない。ところが、どういうわけなのか、同害報復は殺人行為にだけは、正当性をもって主張されている。人を殺した者には、刑罰として命を奪うべきだと。そして、私たちは、人を殺したなら死んでもらうという「同害報復」を当たり前に考えてしまう。何の疑いもなしに。

なぜ殺人にのみ、同害報復が働くだろうか。奪われたのが「命」という尊いものだから、特別扱いをしたいであろう。しかしながら、この論理は、誤判の問題になるとたちまち矛盾に陥ってしまう。

もし「命」の尊さから死刑を主張したら、冤罪により無実の人の命を奪ってしまった検察官や裁判官も、死刑にしなければならなくなる。犯行であれ、誤判であれ、人を殺したことは同じだからである。ところが、検察官や裁判官を殺せ、という声は聞こえてこない。

同じく、人の命を奪った行為ながら、反作用は異なる。殺人犯と法曹関係者の取り扱いが異なる。そして、これを当たり前だと思う。「司法制度」という名による殺しは許されるのに、「殺人犯」による殺しは許

さない。しかし、このような命の相対化は矛盾である。

タリオの法則は守られるか

　もともと「目には目、歯には歯」というタリオの法則は、報復を言い表わしたものではなく、復讐に制限を加えるためのものである。やられたらやり返すという私的な闘いが繰り返されると、社会が無秩序になる恐れがある。そこで、被害者の被った被害と同じぐらいのみ、復讐を許すことによって、無制限な復讐の連鎖を禁じたのである

　一方、タリオの法則をそのまま適用し守ることも難しい。タリオの法則をよく現したものにハムラビ法典がある。

　ハムラビ法典には、「人の目を取り出した者は同じく目を取り出す」、「妊娠した女を殴って妊婦と胎児が死んだら、加害者の娘を死刑に処す」、「医師が手術する間に患者が死ねば、医師の腕を切り落とす」、「息子が親父を殴れば、息子の両手を切る」、「家屋が崩れて家主の息子が死んだら、その家を建てた建築者の息子を死刑に処す」という条文が定められているという。いくらなんでも、この条文のまま適用することを望む人はいないだろう。

　タリオの法則は限りなく繰り返される復讐の連鎖を止め、刑罰体系を原始状態から古代国家へと転換させたという面で評価されている。しかし、タリオの法則を現代国家の刑罰体系にそのまま適用することができない。タリオの法則を死刑の正当化に援用することも無理である。

高貞元さんの血涙

　ここで、母親と奥さん、一人息子を殺害された、高貞元さんの文書を紹介する。東京での死刑廃止集会へ参加して、市民たちに読みあげたものである。事件に遭った経緯と、その後の心境が切に綴られている。

私の家はソウルの鐘路区(チョンロ)というところにあります。山に囲まれた閑静な住宅街にあり、そこで私は母親と妻、そして3人の子どもと一緒に20年間住んでおりました。事件の当時、母親は84歳で、妻は59歳、そして亡くなった息子は35歳でした。息子は四代目の一人息子でした。彼が亡くなりましたので、いまや家元の子孫は後が絶たれてしまいました。幸い、娘たちは結婚しており、災いから免れました。

　2003年10月9日。私の人生は、この時間から一歩も進められず止まっております。愛する母親と妻、そして息子まで、家族が一挙に私から離れてしまいましたからです。

　いくら忘れようとしても、地獄のような事件現場の様子が目に浮かびました。世の中のすべてと絶縁させられました。親戚にも会わず、友だちにも会いませんでした。否、会えませんでした。このような惨めな犯罪を起こしたのは誰だろう。犯人がわからない状況で、かつては経験できなかった大きな恐怖と悲しみが、私の生活を蝕んでいきました。

　事件の当日、私と妻は市内で6時30分に会う約束をしていました。ところが、時間になっても約束した場所に現れず、家に電話をかけても出ないのです。それで家に帰ってみたら、妻の車が家の前に停っていました。約束を忘れたのかと思いながら、呼び鈴を押しました。しかし、返事がないのです。どうもおかしいと思って、塀を越えて入りました。

　家に入ってみたら、一階の玄関にお母さんが、妻は居間、そして息子は二階の廊下にそれぞれ倒れていました。犯人の金鎚に打たれて死んだのです。何が起こったのか判断がつかず、まるで夢をみるような気持でした。しばらく呆然としていた後、警察に緊急通報をしました。

いったい誰がどうしてこんなことをしたんだろう。何の憎しみで、私の家族をこれほど惨めに殺したんだろう。犯人を捕まえたら、ぶっ殺してやりたい心情で、毎日を過ごしました。葬式を終え、娘の家に泊まりました。犯人が自分も殺すのではなかろうかという恐怖で、どこへも行けず、眠れない毎日でした。目を閉じたら、あの最後の日、出社する私を見送っていた家族の顔が生々しく浮びました。夢にも現れ、涙を流しながら目覚めたこともありました。「このように生きるべきだろうか。命を延ばす必要はあるのだろうか。家長として家族を守れなかったという罪責感により、家族の後を追って死んでしまおうかという誘惑に苦しみました。

　妻の遺留品を整理する間、1982年にカトリックで行なわれた夫婦教育の資料が見つかりました。カトリック教会へ行く、と妻にいった約束を思い出しました。教会の門を叩きました。残された二人の娘も、一緒に信者になる教育を受けました。

　そして、聖書の筆写を始めました。眠れない日、亡くなった家族のためにお祈りをする気持ちで、必死に書き続けました。誰からも言われたわけでもないのに、10ヶ月間、旧約と新訳聖書を書きました。感情を相当整理することができました。

　6ヶ月間の教育を終え、2004年7月、主の御子として生まれ変わりました。ところが、洗礼を受けて一週間過ぎたある日、私の家族をはじめ多くの人々を苦しみに陥れた犯人が捕まった、という知らせが届きました。

　「柳永哲（ユヨンチョル）」。初めて聞く名前でした。私とは何の縁もない者が、こんな大変な苦痛を与えてくれたのか。もう一度、絶望と悲しみ、そして怒りを覚えました。こんな世に生きても何の意味もない。私はいつの間にか、漢江（ハンガン）の橋の上で、流れる川を眺めていました。

第4章 死刑と被害者感情

自殺をするつもりだったのです。

　ところが、どう表現すればよいでしょうか。奇跡というべきことが起きました。「どうせ死ぬなら、犯人を赦してから死のう」という声が、心の奥から聞こえ、だんだん強くなるのです。自殺の気持ちを改めました。そうすると、真新しい世の中に渡ってきたような気がしました。60年以上の人生で、一度も考えたことのない世に、生き始めたのです。

　「柳永哲を生かして下さい」という嘆願書を自分で書くとは、夢でも想像できませんでした。心のいずこから聞こえる声に、いつの間にかついて行きました。新しい歩みを始めたら、死のうという欲求も瞬く間に消えました。生きようという気がしました。残された二人の娘の面倒もみなければなりません。嘆願書を出して、事件の後、初めて足を伸ばし深く眠れました。

　私が聖書の筆写を始めたのは、家族の3周忌に、霊前に筆写本を捧げようと思ったからです。そして8ヶ月ぶりに、旧約聖書を1回、新約聖書を4回、書きました。まるで凱旋将軍にもなったような気持でした。深く考えず単純な気持ちで書き始めたんですが、生易しいことではありませんでした。歳のせいで視力が落ち、運動不足で糖尿病も患いました。

　聖書を筆写したということで司教様から激励のお金も頂きました。私はその一部を犯人に領置金として送りました。そしてある日、彼から一通の手紙が届きました。

　　ご挨拶申し上げます。
　　　事件から2年余りの歳月が過ぎた今、改めて謝罪を申し上げること自体、たいへん破廉恥なことでしょう。しかし、驚いたであろうあなたの痛みに、私も心が痛みますが、感謝の

気持を差し上げようと思い、勇気を出してお手紙を書きました。

ご家族の忌日には心の痛みが大変でしょう。大変な状況にも拘らず、私の寂しさを心配し、領置金まで差し入れて下さいましたことに、なんの面目もなく、もっぱら頭が下がり、涙が流れるばかりです。

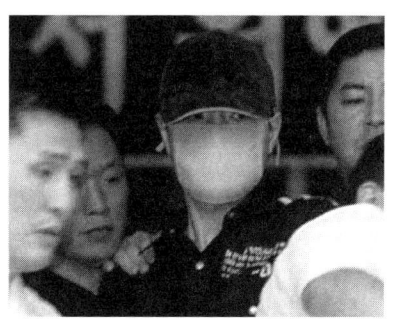

連続殺人犯の柳永哲

奥様は最後の瞬間までご主人を叫び続けていました。これも心温かいあなたがいたからではないかと、今になって少し分かるような気が致します。社会への仕返しを目的にした私の愚かな怒りにより、犠牲になったお祖母さんと奥様、そして私と同じ歳のお子様の姿が、この頃よく夢にみえます。

恐れ多くも、赦しは望みません。私には未来がないですが、この世を離れるその瞬間まで、息をする間、罪を懺悔します。わたしの手紙が心のご迷惑にはならないだろうか心配です。言い訳のような気がして、長く申し上げるのはやめます。真心から謝罪を申し上げる次第です。ありがとうございました。

柳永哲 拝上

第三者からみれば、私の赦しは想像できない行いにみえるでしょう。あちこちから様々な声が聞こえてきます。ある人は私を讃え、ある人は皮肉りました。しかし、断固として申し上げたいです。赦しというのは、想像したくないからしないだけであって、人間の不可能な行いではないのです。

私はいま、カトリック矯正司牧委員会の李永雨神父と一緒に、殺人被害者の家族の方々に会っています。月1回会って、痛みを分かち合い、一緒に笑い、一緒に泣きながら、心の傷を少しずつ削り取る練習をしています。

　私は、新たな生に生まれ変わるまでは、死刑制度について深く考えたことがありませんでした。否、死刑という言葉さえ、脳裏に浮べてみたこともありません。死刑と関連した事件は、テレビや映画でしかみられない、平凡な私の日常とは別世界であるからです。しかし、いま私は死刑という問題に深く入り込まざるを得ません。柳永哲のために、60年という過去の生を終え、新しい道を歩んでいます。

　生命に対する権限は、すべて主にあります。ところが、人間はそれをすぐ忘れますし、時には無視します。死のような苦しみを耐えてきた私は、新たな命を与えて下さいました主に感謝しています。私は、命をもらった喜びを分かち合いたいです。死のうと思ったのにも拘らず、主キリストが私を新たな生に導いたように、いかに悪い犯罪を犯した人間でも、その命を収めるのは人の役目ではないことを申し上げたいと思います。

第5章　死刑と世論

世論と与論

　私が、大人の日刊紙を読み始めたのは小学生のときである。親父が地方公務員をしていて、大手新聞が何紙も配達されてきた。難しい漢字をけっこう早く覚えたので、字が読めない年寄りに新聞を読んであげ、その見返りに飴を貰ったりした想い出がある。

　ところが、その新聞には、死刑制度に対する世論調査結果が載せられていた。年明けの新年特集号には、様々な懸案に対する世論調査を行い、その結果を報じていたのであった。そして、その中に、「あなたは死刑制度に賛成ですか、それとも反対ですか」という質問と調査結果が含まれていたのを憶えている。

　具体的な比率は全く思い出せない。当時は今より存置論がもっと多かったのではないか、と想像するだけである。当時わたしは、何故こんな「当たり前」のことを調査するだろうか、と疑問に思っていた。子供ながら、悪いことをした人間は死刑にして当然だと思っていたからである。

　当時は朴正熙の軍事独裁政権が多くの民主化運動家を処刑していた時代なので、マスコミは国民の世論という名目をつくって死刑執行に反対したのではなかろうか。しかし、これは想像の閾をこえられない。

　韓国では、「よろん」というと、「与論」と書く。「世論」とはいわない。与論と世論がどう違うのかはわからない。同じかも知れない。しかし、何となく異なるように感じられる。「世論」は文字どおり「世間の意見」という意味で、価値中立の言葉であるけれども、「与論」は支配者側の

意見のようなイメージがする。私の勝手な解釈であるので、悪しからず。

人事聴聞会と死刑

　韓国では国会の同意を得て任命される大法院長（日本の最高裁判所長官）、憲法裁判所長、国務総理、監査院長、13人の大法官（日本の最高裁裁判官）、3人の中央選挙管理委員会委員をはじめ、大統領が任命する3人の憲法裁判所裁判官、検察総長、警察庁長などの候補者に対し、職務能力と公職者としての道徳性などを審査する人事聴聞会が開かれる。そして、大法官と憲法裁判所裁判官、検察総長の候補者に対する人事聴聞会では、死刑制度に対する意見を聞くのが、慣例になっている。

　たとえば、2011年9月に行われた梁承泰・現職の大法院長に対する人事聴聞会では、次のようなやりとりが行われた。

○全賢姫 議員

　死刑制度の存廃に関する立場について質問します。1997年以降、わが国は14年以上死刑を執行せず、明日でもって5千日の死刑中断記念日になるんです。それで、現在、わが国は事実上の死刑廃止国家に分類されています。

　国連人権委員会の研究結果によれば、死刑制度と犯罪抑止力の間には客観的に相関関係がなく、死刑制度が終身刑より犯罪抑止力が高いという根拠も見つからない、という研究結果もあります。

　ところが、子供を対象にした性暴力などの凶悪犯罪がたくさん発生しており、その対策として昨年の2010年に死刑の執行が議論されるようになり、3月当時に法務部長官が「死刑執行施設の設置を検討しろ」という指示を下しました。それで、依然として社会には死刑制度の賛否に対する論争が続いている状況ですが、

> これから司法府の首長になる候補者の立場として、死刑制度の存廃に対する見解がどうであるか、ちょっと伺いたいと思います。
>
> ○梁承泰 大法院長候補者
>
> 従来、何度も自分の見解を明らかにしたことがありますが、私は根本的に死刑が廃止されることを望む立場であります。いろいろな理由があり、改めて説明するのは差し控えたいですが、ただ、その死刑制度を廃止するか否かはある哲学的な特定の理由・根拠に起因するよりは、全国民的にその部分に対して共感帯があるべきだと思います。なぜならば、一部の国民は本当にその要素に相当な意味を与える人が少なくないからです。それで、死刑制度の存廃に関してはより多くの、広範囲の国民的なコンセンサスがあることを、私は期待しております。

　梁承泰大法院長は、「あまりも保守的である」という理由で、人事聴聞会でを反対意見にあうほどであるのに、死刑制度については廃止論を支持している。最高裁判所の長官にあたる大法院長が、自分は死刑廃止論者であるけれども、国民の世論が許してくれないのでしようがないと、堂々というのである。

　また、李仁馥(リインボク)大法官は、2010年8月12日の人事聴聞会で、死刑制度について意見を聞かれ、「誤判が行われれば、死刑は取り返すことができないので、終身刑に代替するのが望ましい。ただ、違憲決定によるより

第5章 死刑と世論　63

は、国民の意見を集めて国会が決めてくれることを願います」と答えた。
　そして、金昌錫(キムチャンソク)大法官候補者は、2012年7月13日に行われた人事聴聞会で、以下のように死刑廃止の意見を明らかにした。

　　盧哲来(ノチョルレ)議員：大法官の候補者として、死刑制度の存置と廃止について考えたことがありますか。
　　候補者：はい、私は基本的に死刑制度は廃止されるべきだという考えです。その理由は三つあります。
　　　基本的にわが憲法は基本前提として、基本権の中の基本権である人間としての尊厳と価値を憲法解釈の出発点としています。しかし、死刑という刑罰は基本的に人間としての尊厳性と両立できません。ですから、賛成し難い部分があります。二番目に、誤判の可能性というものがつねに存在します。後で誤った判断であることが明らかになっても、取り返す方法がありません。また、最後に、死刑を選択する理由は結局、永久に社会から隔離することによって凶悪犯罪を予防することにあるでしょうが、たとえば仮釈放など途中で釈放しない終身刑に代替すれば、社会からの永久隔離という目的を達成できる方法になります。この三つの側面を考慮するならば、死刑は廃止されるべきだというのが私の個人的な所信であります。
　　　ただ、すべてが絶対的な真理であるものはないようです。国民の法感情というものもありますので、国民の世論を収斂し社会的に雰囲気が熟されるならば、死刑廃止を判断すればいいのではなかろうかと思います。

　大法官を退官した後も、死刑廃止意見を明らかにする場合がある。史上はじめての女性大法官を勤めた金英蘭(キムヨンラン)前大法官は、ある月刊雑誌のインタビューで、明確にこう答えている（「新東亜」2004年10月号参照）。

質問：死刑制度は廃止すべきだと考えていますか。
答え：死刑は社会を防衛するための制度であります。わが刑事法は応報刑主義を採っていません。たとえば死刑の代わりに減刑のない終身刑制度を導入することもできるでしょう。完全に隔離して社会防衛を達成できれば、それでいいのではないでしょうか。銃殺をするときに、誰の銃によって撃たれたか分からないよう、複数の狙撃手が撃つことになっていますが、それは何故でしょうか。裁判官も死刑宣告は避けたいです。

質問：二〇人の連続殺人犯人に死刑ができないならば、どのように処罰すべきでしょうか。

答え：徹底的に隔離するのです。彼が生まれてからそうなのか、後天的にそうなのかわかりませんが、100パーセント彼の責任にするのは無理でしょう。社会構造的な問題もあります。彼に100パーセント責任を負わせて処刑したとしても、問題が解決されるわけではありません。死刑の目的をもっと見つめなければなりません。

質問：検事試補の時代に、死刑執行を参観したんですか。

答え：参観できる機会はありましたが、行きませんでした。命を奪うところですので、わざわざ参観したくなかったです。検屍は見守ったことはありましたが、その時からいままで心の中では、果たして死刑執行は正しいだろうか、疑問をもって来ました。

また、大法官を勤めたのち、2010年7月に任期を終えた、田秀安前（チョンスワン）大法官は退官式での挨拶で、「人間であることを諦めた凶悪犯でも、国家が直接殺人刑を執行する名分はないこと……、この見解が多数意見になる大法院をみることができる日がきっと訪れると信じながら、大法院を離れます」と述べた。

第5章　死刑と世論　65

もちろん、人事聴聞会で必ず死刑廃止の意見だけが述べられるわけではない。たとえば、韓相大(ハンサンデ)前検察総長は人事聴聞会で、「全てを総合判断して立法者が決めることです。最近強力犯罪が多発する現実と国民世論が死刑制度の存置を望んでいるのに照らし、死刑制度は維持されるべきです」と答えた。

死刑制度に対する世論

　韓国における死刑存廃に対する世論は、日本ほど厳しくはないが、存置論の世論が多い。こんな厳しい世論の中で、よくも執行停止が14年以上も続いているんだ、と感心してしまう。

　韓国ギャラップの世論調査によれば、1994年の調査では、死刑制度の存置派が70%で、廃止派は20%にすぎなかった。ところが、1999年の調査では、存置派が50%、廃止派が43%で、存置が大きく減り廃止が伸びた。そして、2001年の調査では、存置派54.6%、廃止派は31.3%を示し、2003年の調査でも、存置52.3%、廃止40.1%という結果がでた。一方、国家人権委員会が2003年に行った調査では、存置派が「法秩序維持のために存続されるべきであるけれども、宣告や執行に慎重であるべき」(57.7%)と「もっと死刑を強めるべき」(8.3%)を合わると66.0%であったのに対し、廃止派は「すぐ廃止すべき」(13.2%)、「いずれ廃止すべき」(20.9%)を合わせて34.1%であった。

　ところが、21人を殺した連続殺人事件のあと、韓国社会与論研究所が2004年7月に700人を対象に実施した結果によれば、「死刑は必要である」66.3%、「終身刑に代替すべきである」30.9%という結果がでた。さがり気味の死刑存置の世論が再び上昇したのである。しかも、この調査は、単に死刑の存廃だけを聞くほかの調査とは異なり、死刑と代替刑としての終身刑を対比した結果である。

　2000年10月10日、東亜大学の許一泰(ホイルテ)教授は、代替刑として絶対的

終身刑を導入するならば死刑の廃止に賛成するかについてアンケート調査をした。その結果、死刑の代わりに絶対的終身刑を導入するならば、死刑廃止に賛成するという意見が65.3%で、依然として死刑存置に賛成するという意見が20.9%に留まっていた。それ以来、韓国では、多数の国民は死刑存置を支持するけれども、代替刑として終身刑を導入するならば死刑を廃止してもよいと思うだろうと信じていた。ところが、韓国社会与論研究所の調査は、これまでの「常識」を覆す結果を示したのである。

また、2009年ヘラルド経済新聞社がケイエム調査研究所に依頼し、1005人を対象に実施した調査によると、67.4%が死刑執行に賛成し、反対意見の24.3%を大きく上まった。そして、同じ年に、法務部の世論調査でも、存置意見が64.1%、廃止意見が13.2%で、同じ結果を示した。

世論調査のタイミング

韓国では死刑制度に対して定期的に世論調査を行うことはない。調査されるのは、決まって凶悪事件が起こった後である。犯罪への恐怖感が高まり、世論が悪化している最中に、「死刑制度に賛成ですか、反対ですか」と聞くのである。また、過去の世論調査の場合、調査の主体は法務部から依頼をうけた世論調査機関か、法務所寄りの研究所であるケースが多い。

感情が高ぶり、自分も殺されるかもわからないと感じるときに行われる調査。世論とはいえ、もう結果は決まっているのである。「あなたも当然死刑に賛成ですね」と確認するような調査である。答えがわかったのに、何故調査をするのかわからない。それよりも、厳しい状況の中にありながらも、「わたしは死刑に反対です」と答えた市民がいるのが不思議なほどである。度胸がなければ、なかなか死刑に反対できないのに、と感心してしまう。

世論調査の問題点

　韓国における世論調査の問題点はまたある。質問が死刑制度に賛成か反対かの両者択一の方式であることが多い。せいぜい「わからない」という答えを加え、三者択一の形式をとるぐらいである。「とちらかといえば賛成、どちらかといえば反対」と、濃淡をいれた答えは用意されていない。

　意見を聞くまえに、答えを誘導する場合もある。「この頃、凶悪犯罪が続いているけれども」という前提をつけるのである。「それでも、あなたは死刑に反対するつもりか」と問い質すようなものである。その反面、「この間、冤罪事件により無実の人が執行されたということが判明しましたが」という前提をつけて意見を聞く世論調査はみたことがない。

　1996年、死刑制度の違憲性に対する憲法裁判所の判決で、趙昇衡(チョウスンヒョン)裁判官の意見は正鵠を突いている。

　「国民一般の法感情というものが何を意味するかはわからないが、国民の世論を意味すると理解するならば、全国民に必要な情報をすべて伝えた後でなければ、世論調査の結果は死刑廃止論を批判するのに濫用される、意図的な産物になるのみであり、国民一般の法感情として正当化されえない。生命は平凡以上の神秘なる敬畏の存在であり、平凡な庶民の感覚を一般の場合と同じく国民一般の法感情として昇華したり正当化するのはできない」(憲法裁判所 1996.11.28. 宣告95憲バ1決定)。

　世論調査に問題があったとしても、世論が死刑存置に傾いているのは確かである。しかし、法制度は存在(sein)のみならず当為(sollen)をも含んだ規範である。国民が死刑を支持しているから執行するのは当然だというのは単純すぎる。世論に潜む感情や危険性を分析し、将来の刑罰のあり方を論じることがより重要である。

注目すべき専門家の世論

　国民の意見は圧倒的に死刑存置に傾いているけれども、専門家の意見は国民の意見と異なる。
興味深い調査がある。2003年10月から12月までの三ヶ月間、国家人権委員会が死刑制度に対する世論調査をした結果である。一般国民は65.9%が死刑存置に賛成し、34.1%が死刑廃止に賛成した。ところが、マスコミ関係者や裁判官、弁護士、国会議員を対象に調べた結果によれば、一般国民とは相当異なった結果が現れた。

　〈表4〉は、死刑存廃に対する意見を現す。市民運動家の85.8%を筆頭に、刑務所で教化活動をする民間矯正委員(80.6%)、弁護士(60.6%)、マスコミ関係者(54.3%)、裁判官(53.1%)の順に、死刑廃止に賛成した。

　その反面、検察官の場合は、死刑廃止に16.7%しか賛成せず、78.0%が存置を主張した。注目すべきは刑務官の意見である。死刑廃止には11.3%しか賛成せず、88.7%が存置にまわっている。

〈表4〉死刑存廃に関する意見

区分	調査人数	即時廃止	いずれ廃止	法秩序の為に存置、宣告や執行は慎重	もっと執行を強化
一般国民	1,064	13.2%	20.9%	57.7%	8.3%
市民運動家	260	60.8%	25.0%	14.2%	-
国会議員	100	29.0%	31.0%	40.0%	-
マスコミ関係者	278	23.0%	31.3%	42.1%	3.6%
裁判官	113	19.5%	33.6%	46.9%	-
検察官	138	5.8%	10.9%	77.5%	5.8%
弁護士	105	27.6%	32.4%	40.0%	-
刑務官	106	3.8%	7.5%	61.3%	27.4%
民間矯正委員	103	56.3%	24.3%	19.4%	-

出典)国家人権委員会「死刑制度に対する国民意識調査」(2003.12)、〈表1〉

第5章 死刑と世論

「死刑制度に賛成・反対している専門家グループを対象に、「何故」死刑制度を存置・廃止すべきなのか、その理由について質問した結果が〈表5〉である（複数回答）。死刑廃止を支持する人たちは廃止すべき理由として「人間の尊厳性と価値の前提である生命権の侵害」をもっとも多くあげているのに対し、死刑存置を支持する人たちは存置すべき理由として「国家と社会を維持するための最後の手段」をもっとも多くあげている。つまり、死刑制度の存廃は、「生命権」を重んじるか「秩序維持」を重んじるか、という観点の対立なのである。

〈表5〉死刑を存置・廃止すべき主な理由

区　分	死刑廃止の理由			死刑存置の理由		
	生命権の侵害	更生機会の付与	誤判の可能性	秩序維持の最後の手段	犯罪予防効果	応報責任
一般国民	52.8%	39.8%	32.0%	52.1%	34.2%	33.0%
市民運動家	82.1%	20.6%	48.9%	35.1%	29.7%	51.4%
国会議員	85.0%	18.3%	38.3%	87.5%	27.5%	12.5%
マスコミ関係者	60.9%	23.8%	39.7%	56.7%	24.4%	30.7%
裁判官	80.0%	33.3%	78.3%	88.7%	60.4%	43.4%
検察官	52.2%	26.1%	60.9%	71.3%	53.0%	54.8%
弁護士	81.0%	19.0%	26.1%	78.6%	38.1%	42.9%
刑務官	25.0%	58.3%	25.0%	71.3%	37.2%	46.8%
民間矯正委員	71.1%	38.6%	27.7%	75.0%	35.0%	20.0%

出典）国家人権委員会「死刑制度に対する国民意識調査」(2003.12)、〈表2〉

　韓国では、死刑存廃をめぐる討論会がしばしば行われる。世間を騒がした凶悪事件が起これば、テレビ放送局は、死刑存廃をめぐる討論番組を流す。死刑存置派と廃止派とに分かれて白熱した討論が行われる。私も、何度もパネリストとして出演したことがある。

ところが、プログラムの流れやパネリストの渉外を担当する作家から面白い話をきいた。廃止論のパネリストはたくさんいるのに、存置論のパネリストがなかなか手配できずに困っているという。そういえば、テレビの討論会の顔ぶれをみると、廃止派のパネリストはけっこう変わるのに、存置派のパネリストはいつもの顔であることが多い。

　2009年、女子中学生の強姦殺人事件がおこり、世論が悪化したことをうけて、李明博大統領は執行の再開をもくろんだ。その際、大学の刑事法教授132人が死刑執行に反対する声明文を発表した。大学教授では、絶対的に廃止派が多数である。死刑の存置を堂々と主張する学者は、指を折るぐらい少数である。

　一般国民は存置意見が圧倒的なのに、専門家たちは廃止意見がつよい。国民の世論が厳しいのにも拘わらず、韓国において執行が止まり再開できない理由の一つには、社会をリードする専門家グループの廃止世論が働いているからかも知れない。

第6章　死刑と犯罪抑止効果

犯罪抑止効果に関する世論

〈表6〉は、国家人権委員会が死刑の犯罪抑止効果に関して調査した結果であるが、一般国民の71.1%が犯罪抑止効果があると答えた。そして、裁判官(68.1%)と検察官(87.7%)、弁護士(61.0%)、そしてマスコミ関係者（55.4%）も死刑の犯罪抑止効果を認めている結果がでた。

一方、市民運動家(20.0%)や刑務所で教化活動をする民間矯正委員(33.0%)は犯罪抑止効果をあまり認めていない。国会議員(50.0%)はちょうど半分ずつに分かれていた。

〈表6〉死刑の犯罪抑止効果に関する世論調査

区　分	調査人数	犯罪抑止効果	死刑存廃 存置	死刑存廃 廃止
一般国民	1,064	71.1%	66.0%	34.0%
市民運動家	260	20.0%	14.2%	85.8%
国会議員	100	50.0%	40.0%	60.0%
マスコミ関係者	278	55.4%	45.7%	54.3%
裁判官	113	68.1%	46.9%	53.1%
検察官	138	87.7%	83.3%	16.7%
弁護士	105	61.0%	40.0%	60.0%
刑務官	106	92.5%	88.7%	11.3%
民間矯正委員	103	33.0%	80.6%	19.4%

出典）国家人権委員会「死刑制度に対する国民意識調査」〈表〉と〈表1〉を組み合わせた。

死刑が犯罪抑止効果を有するか否かは、死刑存廃の論議において重要な論点である。存置論者にとって死刑の犯罪抑止効果は、死刑存置論の強力な理由の一つである。それでは、はたして死刑制度は犯罪の抑止に有効であろうか。犯罪を予防する効果があるだろうか。

証明できない犯罪抑止効果

　存置論者のいうとおり、もし死刑に犯罪抑止効果があるならば、犯人は死刑を恐れて殺人をしないことになる。そうすると、殺人事件の数は減るはずである。

　ところが、ヨーロッパとアメリカで実施された調査によれば、死刑制度が廃止された後も犯罪率が急増したことはなく、廃止の後に死刑を復活しても犯罪率が減少しなかった。死刑制度と犯罪率には相関関係がなかったという結果である。

　殺人犯の動機は、そのほとんどが偶発的・爆発的か、逆に緻密な計画による故意殺人である。偶発的・爆発的な殺人の場合、犯人は死刑のことをほとんど考えないはずである。したがって、偶発的な殺人犯には死刑による威嚇は通用しない。一方、計画的な故意による殺人の場合、殺人犯は自分が処刑されることは考えない。捕まるまいと緻密に計画を立てて犯行を犯す。したがって、計画的な殺人犯にも、死刑による威嚇は通用しない。死刑のことまで計算に入れた計画殺人もあろうけれども、この犯人は死刑を恐れるどころか、かえって死を覚悟した確信犯である。いずれにせよ、殺人には死刑による威嚇など、あまり通用しない。

　また、殺人事件の犯罪抑止効果の問題を論じるならば、精神障害者による殺人事件についても考えるべきである。精神障害者による殺人事件が少なくないからである。2010年の場合、殺人を起こした精神障害者は58人にのぼる。彼ら精神障害者に死刑の犯罪抑止効果が期待できるかは疑わしい。

犯罪抑止効果と犯罪防止との違い

　犯罪が起きた後に犯罪者を処罰するよりも、事前に防止（予防）することが大切なのはいうまでもない。機械警備のセンサーや閉鎖回路テレビ（CCTV）の設備が増えるのも、犯罪を未然に予防するための方策である。犯罪学ではこれを「犯罪予防論」という。

　しかし、死刑制度の犯罪抑止効果に関する論争とこの犯罪予防論とは中身が違う。後者の場合は、治安の悪化などの影響をうけて、安全を警察のみに任せられない認識から、自分の安全は自分で守ろうとして成り立ったものである。これに対し、死刑による犯罪抑止効果は、死刑制度がはたして犯罪を抑止する機能をもっているか否か、という視点の問題である。

　死刑制度の犯罪抑止効果が証明されるためには、少なくとも死刑執行の減少・停止が殺人事件の発生に及ぼす影響、死刑を廃止した時点と復活させた時点の殺人犯罪の動向、存置国家と廃止国家の殺人犯罪の比較、執行前後の殺人事件の傾向などを分析する必要がある。

　ところが、諸外国の様々な研究の結果、死刑の執行と死刑制度の存廃は殺人犯罪の変化に何ら影響を及ぼさないことが分かった。国連も、研究調査をもとに、「死刑制度が終身刑にくらべて殺人の抑止力をもつという仮説を採択するのは慎重な姿勢ではない」という結論を発表している（Roger Hood, The Death Penalty : A Worldwide Perspective, Oxford University Press 3rd edition, 2002, p.230）。

執行期間と執行停止期間の比較

　これまで韓国においては、死刑の犯罪抑止効果に関する資料は、外国の事例や文献に依存してきた。しかし、執行が停止されて15年近くなった今、外国の例を引用せず、韓国の状況を分析してみるのも価値がある。

死刑執行を停止する以前と以降を分析してみるのである。

ある地方新聞のネット版に、たいへん衝撃的な記事が載っていた。「死刑を執行しない間に殺人犯罪が38％も増えた」という統計を引用し、死刑を執行すべきだと主張したのである（京畿日報、2009年2月3日）。実際『犯罪白書』を紐解いてみたら、最後の執行が行われた1997年に789件であった殺人件数が、10年後の2007年には1,124件に達していた。殺人犯罪がなんと42％も急増したのである。

しかし、この記事は、一部だけの事実をあたかも全体であるかのように見せかけたことで問題である。その分析が正しいためには、もし死刑を執行し続けたならば、殺人の犯罪率が減少したことを証明しなければならない。ところが、そうではない。

たとえば、最後の執行の行われた1997年の殺人事件が789件であるけれども、そこから20年さかのぼる1977年の殺人事件は506件である。20年間に56％も殺人事件が急

〈表7〉死刑執行者数と殺人件数（1977～2010）

年度	執行者数	殺人件数
1977	28	506
1978	0	485
1979	10	458
1980	9	536
1981	0	625
1982	23	538
1983	9	518
1984	0	581
1985	11	600
1986	13	617
1987	5	653
1988	0	601
1989	7	578
1990	14	666
1991	9	630
1992	9	615
1993	0	806
1994	15	705
1995	19	646
1996	0	690
1997	23	789
1998	0	966
1999	0	984
2000	0	964
2001	0	1,064
2002	0	983
2003	0	1,011
2004	0	1,082
2005	0	1,091
2006	0	1,064
2007	0	1,124
2008	0	1,120
2009	0	1,390
2010	0	1,262

第6章　死刑と犯罪抑止効果

増している。この20年間は死刑を続けていた時期なのに、である。執行を続けていた期間の殺人の発生率が、執行を停止している期間よりもはるかに高かったのである。

〈表7〉は、死刑執行者数と殺人件数をあらわしたものである。

大量執行は殺人を呼ぶ

　死刑が犯罪抑止効果を有するかを考える最も適した例は、見せしめに死刑を執行したら殺人事件が減るか、ということであろう。そのよい例が、1997年と1998年のケースである。

　1997年12月30日。金泳三政権は、女性4人を含め、23人の死刑囚を一挙に執行した。当時、法務部は報道資料まで配り、テレビや新聞も執行事実を大きく取り上げた。報道の中には、死刑に処された6人が臓器を寄贈すると申し出たけれども実現されなかったという内容もある。執行が予定より早く行われ、臓器摘出に必要な手続きが取れなかったからだという。金泳三政権の末期に行われた、「虐殺」ともいうべきこの暴挙は、ものすごい論争を呼び起こした。

　いずれにせよ、死刑が犯罪抑止効果を有したとしたら、こんな大量執行が行われた翌年には少なくとも殺人事件が減るはずであろう。ところが、結果は正反対であった。1997年に789件であった殺人件数が、翌

1997年12月30日に執行された死刑囚の遺体を引き取る李永雨神父

年の 1998 年には 966 件に達してしまった。なんと 20% も増えたのである。

このように、死刑が殺人事件を抑制するどころか、かえって促進するケースもある。これを死刑が人間をより乱暴にさせる「残忍化効果」(brutalization effect) とよぶ場合もある (RECAP Newsletter, National Death Penalty Developments, 12/99)。1997 年の大量執行と翌年の殺人事件の増加は、まさにそのよい例かも知れない。

殺人犯罪率は存置理由になれない

深刻な殺人事件を考えるならば、死刑は存置すべきだというかもしれない。しかし、人口 10 万人当たりの殺人事件の発生件数をみると、韓国はアメリカの 1/6、フランスの 1/3、ドイツの半分に過ぎない。日本は韓国よりもずっと少ない。

この統計をみる限り、日本と韓国はヨーロッパよりもいち早く死刑を廃止すべきであった。ところが、現状はその逆である。殺人事件の発生率が高いヨーロッパは死刑制度を廃止しているのに、発生率の低い韓国はまだ法律的な存置国のままである。世界最高の治安を自慢する日本は、死刑執行を続けている。

殺人事件の抑止のために死刑は存置すべきだという。しかし、韓国や日本は殺人犯罪の発生率が諸外国よりもずっと低い。殺人事件の抑止力を云々して死刑の存置をいうのは、根拠のない主張である。

なにか凶悪事件が起こると、韓国や日本のマスコミは大騒ぎする。国民の反響が大きい。しかし、反響が大きいのは、ある面では国の治安がよい証しである。凶悪事件がしょっちゅう起こる国では、反響も小さいはずである。治安が安定しているからこそ、何か事件が起これば、そこに目が集中し、大騒ぎになるのである。

治安がよいということは、誇らしいことである。しかし、死刑でもっ

て治安を維持しようとするのは、誇りではなく恥である。諸外国に比べてはるかに安全な国の韓国や日本が、死刑の存置を主張するのは、ある面では「欲張り」である。

　死刑存置派のなかには、「時期尚早」だという人もいる。しかし、一体いつどのような条件が整えば、死刑廃止に同意するつもりなのか。国際的に、韓国は日本に次ぐ世界第2位の安全な国だと評価されている。韓国や日本が犯罪抑止効果を理由に死刑を廃止しないなら、世界中の全ての国々にとって死刑廃止はあり得ないはずである。

　もしかして、殺人事件が一件も起こらない時期を待っているわけではないだろう。

第 7 章　死刑と誤判

誤判に対する法律家の認識

　死刑廃止の大きな理由の一つに誤判がある。国家人権委員会の調査によれば、誤判の可能性は死刑廃止理由の三番目に数えられる（表 8 参照）。

　多くの法曹実務家も、誤判の可能性があるということを認めている。国家人権委員会の調査によると、弁護士の 85.7% が誤判の可能性を認めており、裁判を担っている裁判官の 69.9% も誤判の可能性を認めている。

〈表 8〉誤判の可能性に関する意識調査

	調査人数	全くない	殆どない	若干ある	かなり多い
裁判官	113	0.9	29.2	69.9	—
検察官	138	1.4	58.3	40.6	0.7
弁護士	105	—	14.3%	73.3%	12.4%

出典）国家人権委員会「死刑制度に対する国民意識調査」（2003.12）、〈表 16〉

　〈表 9〉は、誤判の比率に関する国家人権委員会の調査である。裁判官と検察官は「1% 以下」であるという答が最も多いが、弁護士は「2〜5%」であるという答が最も多かった。また、裁判官と検察官は最大の誤判率を「10% 以下」だと答えたのに対し、弁護士の 14.4% は「10% 以上」だと答えている。

　誤判の比率に関しては、裁判官と検察官は「1% 以下」だという答が最も多いが、弁護士は「2〜5%」だという答が最も多かった。また、裁判官と検察官は最大の誤判率を「10% 以下」だと答えたのに対し、弁護士の 14.4% は「10% 以上」だと答えている。

存置論者のみる誤判

　刑事訴訟法は、証拠裁判主義と自由心証主義を定めている。事実の認定は証拠によらなければならず、その証明力は裁判官の自由心証による。しかし、いかに優れた裁判官が慎重に適切な手続きを経て判断をしても、裁判官も人間である以上、実体と一致しない裁判、すなわち誤判をする可能性はつねに存在する。神様ではないので、事件の真相を完璧に捉えて絶対的に正しい裁判をすることはあり得ない。司法制度に誤判の可能性があるのは当たり前である。

　ところで、生命を剥奪する死刑は、その侵害が絶対的である。いったん死刑を執行してしまうと、誤判であることが後に判明しても、生命を取り戻すことができない。誤判によって無実の人が命を奪われてしまう可能性、これが死刑制度のもつ誤判の問題である。

　誤判の問題は存置論にとって大きなネックである。憲法裁判所の存置論者たちも誤判の可能性を認めている。しかし、存置論者の認める誤判の可能性は、廃止論者のいう誤判の問題とは捉え方が異なる。

　誤判の可能性を認めながら、どうやって死刑制度を正当化できるだろうか。彼らは、「誤判は神でない以上避けられない」が、「審級制度や再審制度など、訴訟手続きを通じて解決すれば問題ない」という二段構えの論理を展開する。そして、この論理でもって、誤判問題を死刑制度と切り離し、死刑廃止の要求を乗り越えようとする。

　第一段階は、誤判を「宿命」として片付ける戦略である。誤判の可能性は一応認めるが、素直には認めない。「誤判の可能性は司法制度の宿命的な限界であって、死刑という刑罰制度そのものの問題とはいえない」。裁判官は神様ではなく、その裁判官が裁判をやる以上は、誤判は避けられない「宿命」である。誤判によって無実の人が死刑になるのは「宿命」であり、仕方がないという。

　しかし、「宿命論」だけで死刑を正当化するのは無理である。そこで、

彼らは、誤判の問題は訴訟制度の改善を通じて解決すれば問題ないという、第二段階の論理を用意する。「被告人の防御権を最大限保障し、厳格な証拠調査手続きを経て有罪を認める刑事公判手続制度と、誤判をした下級審判決や確定された判決を是正できる審級制度、再審制度などの制度的装置およびその改善を通じて誤判の可能性を最小化することによって解決する問題である」。三審制度と再審制度により十分だというのである。

命に対する裁判官の傲慢

　裁判制度の仕組みからみると、誤判によって無実の人が落命することは仕方がない。再審など、四度の機会を与えると、誤判の可能性はほとんどなくなる。もし誤判が現れたとしても、裁判を沢山しているとそれぐらいの誤判はしようがない。我慢しなさいというのである。

　しかし、存置論者の論理は、誤判によって命を奪われる人の命を軽視するものである。彼らにとって、無実の人間の命は、裁判の「減価償却費」でしかない。

　また、存置論者の論理は、死刑囚の遺族の感情をまったく無視している。犯人によって殺された被害者の無念さと遺族の感情は大事にする反面、誤判によって殺された死刑囚の無念さと遺族の感情は考慮に入れない。これは、被害者遺族の感情を理由に死刑存置を主張した彼らの論理と矛盾する。生命の尊厳性に対する「裁判官」という職業人の傲慢であり、空威張りである。

誤判は「可能性」ではなく「現実」

　イリノイ州知事を務めたジョージ・ライアン (George Ryan) は、知事の任期を終える直前、すべての死刑囚を減刑した。彼は、イリノイ州が死刑を再開してから93人もの無実が判明したことを引用し、演説で「死

第7章　死刑と誤判　81

刑制度が破綻を迎えたことを皆が認めるのに、いったい何件の誤判が下されなければならないだろうか」と語った。

「誤判」は滅多に起こりえないはずだと思ってしまう。そのためか、「誤判」とはいわずに「可能性」をつけて、つねに「誤判の可能性」という。憲法裁判所が誤判を刑事手続きで解決できるといった背景にも、誤判を現実の問題として捉えず「可能性」としてみているからである。

しかし、誤判は「可能性」の問題ではない。現実の問題である。しかも、取り返しのつかない厳しい現実である。だから、「誤判の可能性」ではなく、ストレートに「誤判」というべきである。

「司法殺人」

誤判事件として有名なのが「人革党事件」である。

民青学連事件は、朴正煕(パクジョンヒ)政権が反共イデオロギーを利用して民主化の要求を抑圧し、人権を侵害した代表的な冤罪事件である。1976年4月、中央情報部（KCIA）は、民青学連（全国民主青年学生総連盟）というグループが人民革命党と朝鮮総連、日本共産党などの不穏勢力に操られ、国家の転覆を企てたとして、180人を拘束・起訴した。軍事裁判である軍法会議の結果、14人に死刑、7人に無期懲役、12人に懲役20年、6人に懲役15年が宣告される。そして、死刑宣告をうけた14人の中の8人が、大法院の上告棄却という判決から20時間後に執行されてしまう。

これに対し、1975年4月9日、スイスのジュネーヴに本部がある国際法学者協会は、この日を「司法史上の暗黒日」と発表した。韓国でも、「司法殺人」と表現されている。2005年、「過去事件の真実糾明を通じた発展委員会」はこの事件を再調査し、「大統領が学生の反政府デモに直接関与し、共産主義者から操られた人民革命の試みのように歪めた、学生運動の弾圧事件」だと発表した。

2007年1月23日、ソウル中央地裁も、執行されてしまった8人に無

罪を宣告すると共に、「国民を保護すべき国家がかえって加害者になり、被告人たちとその家族に違憲的不法行為を犯したと見るのが相当である」とした上、死刑判決を下した大法院を含め国家の不法行為責任を認め、被害者遺族に総額245億ウォン余りを支給するよう命じた（2007が合112047）。事件からすでに32年の歳月が流れている。

一方、ソウル中央地方裁判所は2012年2月、柳寅泰（ユインテ）さんに対する再審裁判で無罪を宣告した。彼は、この民青学連事件で死刑を宣告されたけれども、大統領特別措置により釈放された人である。そして、国会議員に選ばれ、死刑廃止法案を提出した人物である。裁判所は無罪判決の理由として、「緊急措置は発令要件を満たしておらず違憲であり、表現の自由と身体の自由を侵害して違憲・無効である。したがって、緊急措置に違反しても、犯罪にならない」、「当時、一部の関連者たちが犯罪を認めたのは、暴行と拷問による嘘の自白である」と述べた。死刑宣告から38年ぶりである。

もう一つの冤罪事件

2011年11月27日、ソウル中央地方裁判所は、曺奉岩（チョウボンアム）の遺族が国家を相手にした起こした損害賠償訴訟で、国家は遺族に24億ウォンを支払うよう判決を下した。

曺奉岩は農林部長官を歴任した人で、1956年の大統領選挙に出馬したが李承晩（イスンマン）に敗北した。彼は進歩党を結成して、李承晩の「北進統一」の問題点を暴露し「平和統一論」を主張して、政権に脅威を与えた。そこで李承晩政権は、彼をスパイにでっち上げ、国家保安法の違反で起訴した。第1審は懲役5年を宣告したけれども、第2審と第3審は死刑を宣告した。再審請求も棄却され、1959年7月死刑執行された。

そこで遺族は、「国家の不法行為によりスパイの濡れ衣を着せられ執行されたし、家族もスパイの子供という烙印を押されて生きてきた」と

して、国家賠償の訴訟を起こしたのである。2011年大法院は再審を開き、全員一致でもって無罪を宣告した。進歩党の結成は国家保安法の違反にあたらず、スパイ容疑も信憑性がないと判断した。

憲法裁判所の存置論者は、審級制度や再審制度などで誤判の問題は解決できるという。しかし、審級制度や再審制度では誤判の真相を明らかにすることはできても、奪われてしまった命は取り戻せない。柳寅泰さんは生きていて再審制度を通じ冤罪を究明できたけれども、民青学連事件で執行されてしまった8人と曺奉岩は、無実は証明できたものの奪われた命は取り戻せない。

また、国家賠償をしたからといって、誤った判断をした裁判官や司法の責任が消されるわけではない。誤判によって無実の人が命を奪われることが二度と起きないためには、命を奪う死刑制度そのものを無くすほかない。

天と地の無期懲役と死刑

誤判というと、まったく無実の人が有罪にされることを想像してしまう。しかし、誤判の意味はもっと広くとらえるべきである。

死刑制度における誤判の問題性は、全く無実の人が死刑を宣告されるケースのほかに、犯罪を犯したけれども、無期懲役を宣告されるべきなのが死刑になったようなケースも存在する。経済的な事情により積極的に弁論できない場合、自責の念から諦めて検察官の起訴事実を認めてしまう場合、傷害の故意なのに殺人の故意で問われてしまう場合などである。

刑罰のレベルでみると、無期懲役と死刑は一つしか違わない。しかし、命のことを考えれば、無期懲役と死刑は天と地ほどの差がある。どうせ殺人を犯したなら、死刑も無期懲役も同じ、死刑でも我慢しなさいというかも知れないが、それは違う。無期刑では命は助かるが、死刑では命

が助からない。

　連続殺人のような凶悪犯罪を犯した死刑囚は、容疑を否認することは滅多にない。しかし、強盗殺人事件の死刑囚のなかには無実を主張する者が少なくないという。元警察官で強盗殺人事件の犯人とされた死刑囚は、真犯人は別人だとして再審を申し立てた。ソウル地方弁護士会も彼の訴えを検討し、法律扶助として彼の無罪を弁論したが実らなかった。彼は絞首台の前で、「主よ、この事件に誤った判断を下した裁判官と検察官、そして偽証した人の罪をお赦しください」という遺言を残したという。

　また、内縁関係の女から頼まれ、その夫と子供を殺した容疑の死刑囚も、無実を主張したが執行された。彼は絞首台の前で、「私は殺していない。神様もそれを知っておられる」という遺言を残したという。彼は「人間はどうせ死ぬのだから、ひと足早く行くけれど、濡れ衣を着せられて死ぬのが悔しい」と呟いていたという。

　わたしは宗教委員として、ソウル拘置所へ入り、死刑囚たちに接したことがある。そのときに会ったある死刑囚も、共犯による嘘の自白によって自分が実行犯になってしまったと訴えていた。事件の真相はわからないが、悔しさと怒りに満ちたその顔がなかなか忘れられない。

死刑の政治的な悪用

　韓国ではこれまで、政治的な目的による裁判により、多くの犠牲者を出してきた。このことは歴史的に証明された、疑いようのない事実である。政治的な法の悪用による犠牲者をつくらないためにも、死刑は廃止されるべきである。

　存置論者は、政治的事件に対する死刑判決と執行は「誤判」ではなく、政治的な権力者による「殺人行為」だという。しかし、これは、誤判問題から逃れるためのレトリックにすぎない。

第7章　死刑と誤判

政治的目的による冤罪事件が軍事独裁政権のもとで多く行われたことを考えると、これを誤判ではなく政治的殺人として捉えることも一理はある。しかし、要は、「誤判」なのか「政治的殺人」なのかではない。誤判にしろ政治的殺人にしろ、死刑制度がある以上は、いつでも無実の人が命を奪われうるという事実である。

　もし、死刑制度がなくなるならば、いくら政治的に殺そうとしても、殺すことができない。被告人は生き残れるのである。テロによって殺すことはできようが、これはもはや死刑問題とは別の問題である。

　存置論者のなかには、死刑の政治的濫用は、民主主義が成熟した今日ではもう克服されたという。しかし、この意見は甘い。韓国が過去より民主主義が進んだのは確かであるけれども、成熟した民主主義国家なのかどうかは、人によって見方が違う。また、成熟した民主主義国家として法に則った司法手続きをとったとしても、誤判はいくらでも起こりうる。アメリカもそうであり、日本もしかりである。人間の判断の過ちは民主主義国家だからといって例外ではない。

第 8 章　代替刑と死刑廃止法案

代替刑と死刑廃止法案
　正直にいうと、死刑廃止運動を積極的にしていた初期は、「代替刑」についてほとんど関心がなかった。執行されて死んでゆく死刑囚の命を守ることだけに集中し、死刑廃止に没頭した。ところが、ある時期、死刑廃止と代替刑は別々の問題ではなく、つながっていることを悟った。
　死刑廃止というと、多くの人々は加害者を赦して釈放することだと誤解してしまう。恐ろしい犯罪者が刑務所から出所して道を闊歩する様子を想像する。大事な家族を殺された遺族から見れば、こんな様子は想像するだけでぞっとする。こんなことを認める被害者遺族などいないし、国民だって反対するに決まっている。
　死刑廃止の問題は、代替刑の問題でもある。
　死刑を廃止するのだったら、その「代わり」にどんな刑罰を導入すればよいのだろうか。今の無期懲役でよいのだろうか。それとも新たな刑罰を設けるべきか。新たな刑罰としては何がよいだろうか。その際、仮釈放を認めるか否か、赦免（恩赦）を認めるべきか否か。
　もし、終身刑を導入するならば、彼らをどのように処遇すればよいだろうか。刑務作業をさせるべきか否か、独房にぶち込むだけでよいだろうか。考えてみると、代替刑ってそう単純な問題ではないことがわかる。

定着している終身刑
　さて、韓国において死刑の廃止を主張する人々は、死刑の代替刑として「仮釈放のない終身刑」の導入にほぼ一致している。私自身、終身刑

の導入を積極的に訴えてきたし、いまも訴えている。国民の厳しい世論と被害者の気持ちを考え合わせるならば、納得させることのできる刑罰は終身刑しかないと思えるからである。

　しかし、終身刑が初めから歓迎されたわけではない。廃止論者の中からも、終身刑に対する反対意見が出てきた。終身刑も、死刑と同じぐらい、人権を侵害する刑罰だという理由である。死刑囚の人権も重んじる廃止論者の言い分であるから、ある面では理解できる。

　ところが、意外と、存置論者からも終身刑に反対する意見がでた。終身刑は死刑より残酷な刑罰だという。残酷さを理由に存置論者が終身刑に反対するとは、想像外だった。この論理だと、存置論者が死刑を支持するのは、死刑が終身刑よりも残酷でないからだという結論になる。存置論者が死刑囚をそれほど深く思いやるとは、考えたことがなかった。全くの驚きである。

ワニの涙

　2005年、死刑廃止法案に関する審議において、存置論者の議員（梁承晃ヤンスンジョ）と法務部長官のやり取りである（2005年2月18日、法制司法委員会会議録）。

○質問　死刑廃止を主張する人は人間の尊厳性を重要な論拠としてあげています。私の判断によれば、人間の尊厳性という次元では、終身刑も死刑に劣らないと思います。長官は人間の尊厳性という側面で、終身刑を死刑と比べてどう思われますか。
○法務部長官　アメリカで実際終身刑に服している人が収容生活をして大変な精神的ストレスを感じることが沢山ありました。それで、終身刑がかえって非人間的ではないのか、人間の尊厳を害するのではないかという批判が多くありました。

二人のやり取りをみる限り、存置論者が死刑を主張するのは、「応報」ではなく「思いやり」のためだということになる。存置論者が人類愛の博愛主義者に様変わりをしている。いつの間にか、終身刑を主張する廃止論者が人権侵害の立場にたち、死刑を主張する存置論者が人権擁護の立場にたっている。「大逆転」が起こっているのである。しかし、これは滑稽である。

　イギリスの有名な旅行作家であるジョン・マンダビル卿は、エジプトのナイル川を探査する間に、ワニが餌を食べる前に涙を流すことを目撃したという。このことから、偽善的な権力者の涙を「ワニの涙」といっている。

　存置論者が死刑囚を思いやって終身刑に反対するのは、まったく「ワニの涙」と同じである。彼らの思いやりは、ワニの偽善的な涙と似ている。彼らが終身刑に反対するのは、死刑制度を残すためのトリックである。もちろん、終身刑は死刑と同じく人権を侵害する刑罰であるという廃止論者の論理には傾聴すべきものがある。刑務所にぶち込まれ、何の希望もなく一生を過ごすという苦しみは、想像を絶するものであろう。しかし、これを理由に終身刑に反対するのは、間違った視点である。

　受刑者の人権を侵害するという理由で終身刑に反対するのは、ヨーロッパでは既にあった論理である。ドイツでは第二次世界大戦後、死刑を廃止して絶対的終身刑を導入した。ところが、1978年、連邦憲法裁判所の違憲判決後、仮釈放のできる「相対的終身刑」に変えている。また、終身刑に服役した受刑者が自殺する事態も、絶対的終身刑への批判につながっているようである。

　しかし、代替刑として終身刑を考えるとき、ヨーロッパとこちらの状況は異なることを認識しなければならない。ドイツの連邦憲法裁判所は、釈放の見込みのない終身刑は人間の尊厳と価値を否定するという理由

第8章　代替刑と死刑廃止法案

で、仮釈放のない終身刑を違憲にした（BVerfGE 45, 187（1977））。でも、ドイツ連邦憲法裁判所の判決は、死刑がすでに廃止され絶対的終身刑が導入された後のものであり、死刑制度が残っているわれわれの状況とは異なる。ドイツの場合は、終身刑の問題点について議論しても、命が落されることはないけれども、われわれの場合は、いつ死刑囚の命が落とされるか分からない。

　死刑に廃止する者は、死刑囚の命を考えてそう主張した筈である。ところが、命のことは考えず、終身刑の問題にだけ目を向けている。死刑廃止を主張しながら、終身刑に反対するのは「贅沢」である。

終身刑へのアレルギー

　終身刑の問題点として、受刑者による無秩序や自殺事故の増加、予算の増加が取り上げられている。しかし、考えてみると、無期懲役刑をうけた者の中にも出所できず刑務所で生を終えるケースがある。無期刑の者が何の問題もなく管理されてきたのに、なぜいまさらこの問題が提起されるのか疑問である。

　自殺する事故が増加する可能性はあるであろう。しかし、それは自ら命を絶つという意味で、他人によって命を奪われる死刑とは違う。自殺の可能性があるからといって、それでは殺しましょうという論理は成り立たない。脱獄の可能性が増えるという主張もあるが、それは刑務所の警備システムを知らない人間の想像である。現在の警備システムでは、受刑者が簡単に脱走できるはずがない。必要であるならば、もっと警備システムを強化すればよい。

　行刑予算の負担も理由にならない。予算問題は無期懲役囚も同じである。無期懲役では負担にならないのが、終身刑では負担になるというのはおかしい。予算の負担があるから殺してしまおうというのは、絶対赦されないことである。終身刑に対する批判や反対は、どのような理由で

あれ、正鵠を射ていない。

　わたしも、終身刑が「残酷な刑罰」であることは認めている。しかし、終身刑の問題は、死刑を廃止してから論じても遅くはない。ヨーロッパの如く。

　終身刑を「一生刑務所にぶち込まれ、希望のない日々を送る、過酷な刑罰」として捉えるのではなく、「大事な命をつなげる、望みの刑罰」として捉え直す必要がある。視点の転換、パラダイムのシフトが要る。

死刑廃止法案の歩み

　終身刑の導入は、国会においても広く理解を得ている。この頃、国会に出されている死刑廃止法案は、例外なく死刑の代替刑として終身刑を打ち出している（表10参照）。

〈表10〉死刑廃止法案の歩み

	15代国会	16代国会	17代国会	18代国会		
発議年	1999	2001	2004	2008	2009	2010
発議者	柳在乾	鄭大哲	柳寅泰	朴宣映	金富謙	朱盛英
（賛同人）	（91人）	（155人）	（175人）	（39人）	（53人）	（10人）
代替刑	無期	無期刑	絶対的終身刑	絶対的終身刑	絶対的終身刑	絶対的終身刑
特徴	死刑を廃止するのみ	仮釈放制限可能性	仮釈放の禁止	仮釈放・恩赦・減刑の禁止	仮釈放の禁止	仮釈放・恩赦・減刑・復権の禁止

　死刑廃止法案がはじめて国会に出されたのは、1999年12月7日、柳在乾議員が90人の賛同を得て提出した法案である。

　「わが国も死刑廃止の世界的な勢いに歩調をあわせ、反人道的・反文明的な刑罰である死刑を廃止し、21世紀が始まるミレニアムには画期的な人権尊重、人権伸張の国家に生まれ変わるべきである」（死刑廃止特別法案「提案理由」）。

21世紀を迎えて人権国家として再出発しようと訴えたのが、法案の特徴である。最初の廃止法案なのに、定員299人の中で90人の賛同を得たのもすごい。

死刑廃止特別法案

発議年月日：1999.12.7
発 議 者：柳 在 乾 議員
ほか90人

第1条（目的）この法律は死刑の廃止を目的にする。
第2条（刑法等における死刑規定の削除）刑法第41条第1項、第66条および刑事訴訟法第463条乃至第469条を削除する。
第3条（死刑部分の効力の喪失）刑法、軍刑法、国家保安法、大麻管理法、麻薬類不法取引防止に関する特例法、麻薬法、文化財保護法、保険犯罪取締に関する特別措置法、性暴力犯罪の処罰及び被害者保護等に関する法律、原子力法、臓器等移植に関する法律、戦闘警察隊設置法、暴力行為等処罰に関する法律、特定犯罪加重処罰等に関する法律、韓国造幣公社法、航空機運行安全法、航空法、向精神性医薬品管理法および化学武器禁止の為の特定化学物質の製造・輸出入規制等に関する法律などに、刑罰として死刑を規定している部分はその効力を失う。但し、刑法第93条の「死刑」は「無期懲役」とする。

しかし、この法案は代替刑については何ら触れていない。「刑罰として死刑を規定している部分はその効力を失う。但し、刑法第93条の『死刑』は『無期懲役』とする」とし、死刑を廃止する代わりに、無期懲役を最高刑にしたのである。

ところで、当時の刑法によれば、無期懲役刑をうけた者は、刑務所で秩序をよく守り、行刑成績がよく、改悛の情が著しい場合は、10年が経てば仮釈放が可能であった（現在は20年に改められている）。この法案によれば、いかに凶悪な殺人犯でも、無期刑で10年を服役すれば、仮釈放ができることになる。凶悪殺人犯が10年過ぎて仮釈放になることは不可能であろうが、犯罪被害者や国民の立場では、出所して再犯する恐れを感じざるをえない（李憲奎「死刑制度の改善方案」『死刑制度の廃止』公聴会、2006.4.4）。結局、この法案は、法司委員会（日本の法務委員会にあたる）で一度も審議されることなく、廃案となってしまった。

　二回目の死刑廃止法案は、鄭大哲(チョンデチョル)議員が62人の賛同をえて2001年10月に提出した法案である。提出の理由については、「憲法の保障する人間の尊厳と価値の尊重という憲法的要請に応じ、刑罰という美名のもとに行われる『もう一つの殺人』を防ぐために、死刑制度を廃止しようとする」と述べられている。死刑を「もう一つの殺人」と言い表したのが目立つ。

　この法案は、死刑を廃止し最高刑を無期懲役（無期禁固）にした面で、最初の法案と同じである。ただ、裁判官が無期懲役（無期禁固）を宣告する際、犯罪の種類や罪質・情状を参酌して、15年間は仮釈放や恩赦を禁じる言い渡しができるようにしたことは、前回の法案とは異なる。

死刑廃止に関する特別法案

発議年月日：2001.10.30
発　議　者：鄭大哲 議員
ほか62人

第1条（目的）この法は国家の刑罰の中で死刑を廃止することによって人間としての尊厳と価値を尊重し、犯罪者の人権保護および教化・

> 改善に向けた国家刑罰体系を樹立することを目的とする。
> 第2条（死刑の廃止）刑法及びその他の法律で規定されている刑罰の中で、死刑を廃止する。
> 第3条（仮釈放などの制限）裁判所は無期懲役または無期禁固を宣告する場合、犯罪の種類や罪質、情状により、判決が確定されその服役を開始した後15年が経過しなければ、刑法による仮釈放や赦免法による一般赦免・特別赦免または減刑が出来ないという旨の宣告を合わせて宣告することができる。

しかし、15年間の仮釈放禁止という条件をつけても、結局15年が経つと仮釈放されて出所する可能性がある。凶悪犯罪者が出所して道を闊歩し再犯を犯すのではないかという恐れは、この法案でもぬぐえなかった。結局、この法案も法司委員会に上程されず、廃棄されてしまった。

終身刑の廃止法案

そこで現れたのが、柳寅泰（ユインテ）議員が2004年12月19日に提案した死刑廃止法案である。提案者の柳寅泰議員は、前述したように、「民青学連」事件で逮捕され死刑判決を下された元死刑囚である。この法案は、定員299人の過半数を上回った175人の賛同を得た。

元死刑囚の提案した法案であるということもあって、可決されるのではないかという期待が高まった。存置論を主張する議員も、元死刑囚の議員に面と向かって存置論を言い難い雰囲気もあった。盧武鉉政権の時代であり、過去の二つの法案とは異なって、法司委員会にも上程され、公聴会も開かれた。

柳寅泰さんは法制司法委員会の審議で、涙ぐみながら死刑廃止を訴えた。

「人民革命党・民青学連事件と関連して、私と一緒に死刑を宣告された8人が、大法院の判決から一日も経たないうちに処刑されました。存置論者は誤判の確率は低く、社会秩序を保つためにはそれぐらいは受け入れるべきだといいます。しかし、第三者には微々たる確率かも知れませんが、死刑にされる当事者には100％の誤判確率になります。……議員のみなさんに最後に申し上げたい。犯罪被害者の感じる憎しみがいかに大きくても、誤判によって処刑された人々の惨さにはとうてい比べることができません。」

死刑廃止に関する特別法案

發議年月日：2004.12.9
發議者：柳寅泰議員
ほか174人

第1条（目的）この法は、国家刑罰の中で死刑を廃止することによって、人間としての尊厳と価値を尊重し、犯罪者の人権保護および教化・改善にむけた国家刑罰体系を樹立することを目的とする。

第2条（死刑の終身刑への代替）刑法およびこのほかの法律で規定している刑罰の中で、死刑を廃止し、これを終身刑に代替する。

第3条（終身刑の定義と種類）①終身刑とは、死亡するまで刑務所内に拘置し、刑法による仮釈放のできない刑をいう。
②終身刑は終身懲役と終身禁固に分ける。

この法案の特徴は、死刑の代替刑として「終身刑」を初めて打ち出したところと、終身刑の概念を具体的に定義づけたことにある。法案によ

れば、終身刑は、「死亡するまで刑務所内に拘置し、刑法による仮釈放のできない刑」である。

　仮釈放の可能性を完全に閉じてしまった「絶対的終身刑」なのである。二度目の法案が15年間の服役をすると仮釈放が可能であって、犯罪者が出所し闊歩するかもしれないという国民や被害者の不安感を取り除くために、終身刑を導入しようとしたのである。しかしながら、この法案も、本会議に上程されず廃棄されてしまった。そして、柳寅泰さんは、選挙で落選されてしまう。

廃止法案提出の流行り

　第18代国会でも、三人の議員により死刑廃止法案が提出された。

朴宣映 法案	金富謙 法案	朱盛英 法案
第1条（目的）この法律は国家刑罰のなかで死刑を廃止することにより、人間としての尊厳と価値を尊重し、犯罪者の人権保護と教化、改善を目指す国家刑罰体系を樹立することを目的とする。	第1条（目的）この法律は国家刑罰のなかで死刑を廃止することにより、人間としての尊厳と価値を尊重し、犯罪者の人権保護と教化、改善を目指す国家刑罰体系を樹立することを目的とする。	第1条（目的）この法律は国家刑罰のなかで死刑を廃止することにより、人間としての尊厳と価値を尊重し、犯罪者の人権保護と教化、改善を目指す国家刑罰体系を樹立することを目的とする。
第2条（終身刑の定義）終身刑とは、死亡するまでに、刑務所内に留置し、刑法による仮釈放や赦免法による一般赦免、特別赦免または減刑できない懲役刑をいう。	第2条（死刑の終身刑代替）刑法およびその他の法律で規定している刑罰の中で、死刑を廃止し、これを終身刑に代替する。	第2条（死刑の終身刑代替）刑法およびその他の法律で規定している刑罰の中で、死刑を廃止し、これを終身刑に代替する。
第3条（死刑の終身刑代替）刑の種類のなか、死刑を終身刑に代替する。	第3条（終身刑の定義と種類）①終身刑とは、死亡するまで、刑務所内に拘置し、刑法による仮釈放のできない刑をいう。②終身刑は終身懲役と終身禁錮刑にわける。	第3条（終身刑の定義）終身刑とは、死亡するまでに、刑務所内に収容し、刑法による仮釈放ができず、赦免法による赦免と減刑、復権のできない懲役刑をいう。

　法案は、仮釈放のない終身刑を盛り込んでいる点では共通している。

が、恩赦や減刑、復権まで認めない面では、前の廃止法案よりも厳しい。

事実、韓国では「絶対的終身刑」と「相対的終身刑」に見解がわかれている。絶対的終身刑の導入を主張する見解は、死刑制度を代替する刑罰は死刑と同じほど厳しい刑罰にするべきである。減刑が許されることは、終身刑を導入する趣旨にも合わず、国民の法感情ともあわないと主張する。これに対し、相対的終身刑の導入を主張する見解は、絶対的終身刑は人間の尊厳性を害し、社会復帰を目的とする特別予防主義と相容れないので、厳しい条件のもとで減刑や仮釈放を認めるべきだと主張する。このほかにも、とりあえず絶対的終身刑を導入したのち、段階的に相対的終身刑へ転換すべきだという見解もある(「死刑制度存廃と改善に関する論議の方向」「イシューと論点」第31号、2010年3月4日)。

赦免により無期懲役に減刑され、喜ぶ死刑囚とボランティアたち

死刑廃止法案が恩赦を認めないのは、厳しい世論の現実を考慮した結果であり、以前の法案と異なる特徴を現すための戦略だと思う。しかし、恩赦を認めない法案には、賛成できない。

終身刑は刑罰制度であるに対し、赦免は政治的制度であり、両者の性格は異なるからである。寿命が長くなり、受刑者の高齢化も進んでいくなかで、体の弱々しく再犯の危険性も全くない衰弱した受刑者を死ぬまで収容する必要が果たしてあるだろうか。

いま三人の議員は、立候補をやめて大学教授に戻ったり(朴宣映)、党から推薦をもらえず出馬を諦めたり(朱盛英)、立候補をしたものの落選したり(金富謙)、様々な理由で国会議員の名簿から消えてしまっ

第8章　代替刑と死刑廃止法案

ている。
　ところで、法務部も、2008年、連続殺人事件の発生をきっかけに、「絶対的終身刑」を導入する刑法改正の動きをみせた。しかし、その中身は、代替刑としての終身刑ではない。法務部は、死刑を存置したうえで、死刑とは別に「絶対的終身刑」を刑罰の一つとして加えようとしたのである（東亜日報、2009年2月20日）。あまりにも、日本の動きと似ている。悪行を早く覚えるのは人間だけじゃない。国や政府も同じである。

死刑廃止「特別法」への反発
　法律を改正しようとする際は、死刑を規定している法律や条文をいちいち取り上げて、その改正条文を対比させるのが通常である。これまでの死刑廃止法案をみればわかるとおり、条文の数が大変少ない。
　こうなったのは、以下の理由による。
　まず、死刑を定めた法律や条文があまりにも多い現実において、それをいちいち記述するのは煩わしい。また、死刑を定めた条文を並べておくと、どうしても犯罪の種類に目を奪われ、ある特定の犯罪についてはやはり死刑を残すべきだという反論が沸き起こり、廃止運動の足を引っ張ってしまう恐れが予想されたからである。そこで、あらゆる「法律」に定められている「死刑」をすべて、一括して処理する「特別法案」が考案されたと思う。
　ところが、このようなやり方に異論を提起する者もいる。たとえば、存置論者の張倫碩（チャンユンソク）議員は、「改正をするとしても、個別法でもって法定刑の死刑を削除するか否かという形で、論議が行われるべきで、このような廃止特別法案でもって一括廃止し、終身刑を導入するのは、ある意味では刑事法体系の根幹を崩すことではないか」と反論している（法案審査第1小委員会、「法制司法委員会会議録」、2006.2.15）。

死刑廃止法の行方

　第 18 代国会が終了し、三つの死刑廃止法案はすべて廃棄されている。そして、2012 年 7 月、第 19 代国会が開会された。これから誰がどんな内容の死刑廃止法案を提出するかは、まだ定かではない。3 回目の死刑廃止法案を提出した柳寅泰さんが、選挙で返り咲き当選したことは幸いである。彼への期待が高まっている。

　死刑廃止法案の上程が途切れることはないであろう。これまでも、国民の厳しい世論の下で、死刑廃止法案は絶えず提出されてきた。第 18 代国会では三人が死刑廃止法案を出しているように、死刑廃止法案の提案もある面では「競い合い」状況になっている。

　韓国で死刑廃止法が近い時期に成立する見通しは極めて低い。しかし、一歩一歩努力を積み重ねていけば、いずれは成立すると確信している。

選挙で返り咲き当選した柳寅泰さん

第9章　死刑囚の刑務作業と教化

「未決囚」から「死刑確定者」へ

　従来、死刑囚は、「未決囚」として死刑執行施設のある拘置所に収容されていた。しかし、2007年12月、行刑法が改正され、死刑囚は未決囚ではなくなった。「死刑確定者」というカテゴリーが新設されたのである。死刑囚は「未決囚」ではなく「死刑確定者」として取り扱われる。未決囚から死刑確定者へ身分が変わることにより、死刑囚は刑務作業（韓国では「矯正作業」という）ができるようになった。ところが、拘置所には作業場がない。それで、刑務作業をする死刑囚は拘置所から刑務所に移される。現在、教化・教育プログラムや作業をする死刑囚は刑務所に収容されている。

　長い間執行が行われなかったので、死刑囚は増えつつある。また、死刑囚はずっと監房に収監され、そのストレスから様々な騒ぎを起こす。そこで死刑囚にも刑務作業をさせることが考案されたといわれる。

　しかし、死刑囚に刑務作業をさせる最も大きな理由は、事実上の死刑廃止国になったことにある。行刑法は、所長は死刑確定者の心理的安定および円満な収容生活のために、教育または教化プログラムを実施するか、申し込みにより作業を与えることができると定めている。

　死刑囚が刑務作業をするには、死刑囚が作業を申し込まなければならない。すると、所長は刑務官会議を開き、審議をして刑務所の作業を与える。与える作業は「心理的安定と円満な収容生活」に適したものに限る。また、共同作業場の場合には、原則的に、一つの作業場に複数の死刑囚を置かない。

法務部によると、2012年6月現在、延べ58人の死刑囚のなかで23人が刑務作業に参加しているという。刑務作業の種類は木工、洋裁、印刷である。やはり、拘置所には作業場がないので一般刑務所に移っているという。

　韓国では、死刑囚は胸に赤い札をつけている。囚人番号である。赤色は死刑囚を言い表す。囚人の番号札の色をみると、彼の犯した犯罪の種類が大体わかる。青色は麻薬犯、黄色は組織暴力犯や自殺の恐れのある者で、白色は一般囚人である。

　ところが、死刑囚が赤い番号札をつけて刑務作業をすると、死刑囚であることがすぐばれてしまうし、一緒に作業をする他の囚人も萎縮してしまう可能性がある。そこで、行刑法は刑務作業をする際は、赤い番号札をつけないことができるようにしている。もし、死刑囚が与えられた作業の取り消しを要請した場合は、その意思と健康・担当刑務官の意見などを考慮して取り消すことができる。

　受刑者が刑務作業をすると「作業奨励金」が支給される。日給は等級によって差がつけられ、上級は1万5000ウォン、中級は1万2000ウォン、下級は1万ウォンである。一般受刑者の場合、作業奨励金は月20～30万ウォンになるという。

　作業奨励金は死刑確定者にも支給されており、死刑囚の場合は、月13万から20万ウォンぐらいになるという。死刑囚が刑務作業中に怪我を負うか死亡した場合は、一般囚人と同じく慰労金・弔慰金が支給される。

死刑囚の収容

　ソウル拘置所には18人の死刑囚が収容されている。犯した犯罪は殺人（9人）、強盗殺人（4人）、尊属殺人（1人）、誘拐殺人（1人）、強姦殺人（2人）、放火致死（1人）である。

死刑囚は原則的に独房に収容することになっている。これを「独居収容」という。独居収容には二通りの種類がある。昼間は教育・作業などのために共同生活をし、夜間と休みにのみ独居収容する「処遇上の独居収容」と、人の生命・身体の保護や矯正施設の安全と秩序維持のために独居収容し、捜査や裁判・運動・入浴・診療の場合にのみほかの囚人と接触を許す「戒護上の独居収容」である。死刑囚は後者の「戒護上の独居収容」にあたる。

　もちろん、死刑囚をすべて独居収容するわけではない。死刑囚の自殺・逃走などの事故を防ぐために必要な場合は、拘置所にいる死刑囚は未決収容者と一緒に収容することができるし（これを「混居収容」という。日本の雑居収容にあたる）、刑務所にいる死刑囚は他の収容者と一緒に収容することができる。死刑囚が同じ部屋の囚人を脅したり恐喝することを恐れ、一定期間ごとに居室を変えている。

　行刑法は、死刑囚が収容されている「居室」は観ることができないと定めている。ここでいう「居室」は、死刑囚のいる部屋を指すわけで、矯正施設ではない。だから、死刑囚が収容されている居室を除いて、拘置所や刑務所を見学することができる。

　行刑法は、死刑囚に対する教育・教化プログラム、作業などの処遇のために、「専担矯正施設」に収容することができることになっている。専担矯正施設とは教育、職業訓練、外国人、女性、障害者、老人、患者の処遇を専門に行う施設をいう。たとえば、老人受刑者のための専担施設には共同休憩室を設け、老人用の娯楽用品を備える。老人の病気に関して専門知識をもった医師と設備を備え、速やかに適切な治療をする。6ヶ月ごとに、1回以上の健康診断をする。老人問題の外部専門家を招き、老人の特性に応じた教化プログラムを実施することになっている。

　このような形で、死刑囚の教育・教化プログラムや作業のための「専担矯正施設」に収容することができると定めているのである。しかし、

いまのところ、死刑囚のための専担矯正施設はない。

優遇される死刑囚

　受刑者の接見は厳格に管理されている。接見は平日の勤務時間にし、時間は1回当たり30分である。また、接見回数は行刑成績によって異なり、1級は毎日1回できるけれども、最も低い4級は月4回に制限されている。

　ところが、死刑囚は、一般受刑者よりも優遇される部分がある。教化や心理的安定を図るために必要な場合は、刑務官の勤務時間ではないときも接見できるし、接見時間を延長したり、接見回数を増やすこともできる。また、場所もアクリル板で隔たれていない場所で接見することができるようになっている。

　後述の如く、死刑囚が宗教委員と一緒に宗教儀式を行う場合は、数時間にわたって許されている。死刑囚と弁護人との接見には刑務官が参加できないし、聴取や録音も禁止される。

　死刑囚は、法律によって禁じられた場合、教化を害する場合、そして施設の安全と秩序を乱す恐れのある場合を除き、他人と手紙を授受することができる。死刑囚の手紙は原則的に検閲されない。所長は、心理的安定と円満な収容生活のために必要な場合、月3回以内の範囲で電話の使用を許すこともできる。ただ、通話は聴取・録音される。

死刑囚の収容生活

　受刑者の心理的安定と円満な収容生活のために、持続的に相談を行うことになっている。そのために、所長は相談責任者を指定する。相談責任者は監督刑務官や相談の専門教育を受けた刑務官を指定する。実際は教育教化課長と宗教聖職者、臨床心理士が含まれた「専担相談班」が運営されている。相談責任者は月1回以上、5人以内の受刑者に個人相談

第9章　死刑囚の刑務作業と教化

する。相談の結果は報告書として所長に報告される。

　死刑囚にも「教化プログラム」が実施される。心理相談、宗教相談、心理治療などである。

　死刑囚も所内の宗教儀式や行事に参加でき、信仰のために必要な書籍や品々を所持することができる。多くの死刑囚は信仰を持っている。現在、拘置所や刑務所には、宗派別に宗教相談室が設けられている。ただ、宗教的な行事に参加する場合、死刑囚は一般受刑者と席が分離されるし、刑務官によって監視される。

　死刑囚は、ラジオやテレビを聴取・視聴することができる。本を書いたり絵を画くこともでき、それを外へ送ることもできる。

　死刑囚は毎日1時間、室外運動ができる。入浴は、週1回以上できる。

　死刑囚は一般受刑者と同じく、年1回以上、健康検診基本法の定める健康検診機関で健康診断をうけることができる。また、治療のために必要な場合は、外部の医療機関で診療をうけることも許されている。外部の医師に治療を受けたいと申し出た場合は、自費で治療することもできる。死刑囚が怪我をしたり病気にかかった場合は、医療室に収容するか、他の受刑者に看病させることができる。

　ソウル拘置所によれば、収容されている死刑囚18人の健康は、高血圧（3人）、鬱病（1人）、衝動性調節障害（1人）で、残りの13人は良好であるという。

刑務所の民間ボランティア

　刑務所は受刑者を矯正している場所であり、矯正は刑務官が担うと思いがちである。しかし、刑務所には刑務官だけでなく、多くの民間ボランティアが活動しており、民間ボランティア抜きには、刑務所の矯正プログラムがうまく実施できないといっても過言ではない。刑務官は保安業務に集中し、教化活動はむしろ民間ボランティアが担っているといっ

てよい。

　韓国では刑務官を「矯導官」という。刑務所を矯導所へと変えたのと同じく、単なる刑罰の業務をする「刑務官」ではなく、受刑者を矯正させて社会に導くという意味で「矯導官」へと変えた。矯正活動は「矯導官」の仕事の核であり、アイデンティティである。ところが、刑務官のすべき矯正活動が民間ボランティアによって積極的になされているのである。

　民間ボランティアには四つの種類がある。教化委員、教育委員、宗教委員、そして医療委員である。教化委員は相談、生活指導、就職の斡旋支援、刑務所と地域を結びつける役割をする。教育委員は大学教授や中・高校の教師などで構成され、学校を中退したり卒業できなかった受刑者に学科教育と職業訓練をしている。

　また、宗教委員は教会やお寺の聖職者と信者で構成され、信仰活動を指導したり悩み事を相談する。そして、地域の医師や薬剤師を医療委員として委嘱し、医療体制を補っている。この中で、矯正活動は主に教化委員と宗教委員によって行われているのである（表11参照）。

〈表11〉刑務所で活動する民間ボランティア

区　分	教化委員 (2232人)	宗教委員 (1963人)	教育委員 (248人)	医療委員 (140人)
構　成	教育者・法曹人・実業家・ソーシャルワーカなど	プロテスタント・仏教・カトリックなど、聖職者や信者	大学・中高校・専門学校の教員など	医師・薬剤師・漢方医など
活　動	相談・生活計画指導・就職斡旋	信仰相談・教義指導	教科教育・職業訓練	医療支援・姉妹血縁

注）法務研修院、『2011犯罪白書』、324～329頁参照。

宗教委員と死刑囚

　そこで、宗教委員の活動について紹介する。

　宗教委員は日本の教誨師にあたる。しかし、その中身は相当異なる。

韓国でも日本に倣って「教誨師」制度を導入し運用していた。しかし、宗教委員など、民間ボランティアの活動が活発になるにつれ、いまは教誨師を募集していない。

ところで、死刑囚にとって、宗教委員の存在はたいへん大きいものがある。いつ死ぬかわからない緊迫した日常生活において、神様に頼るということはある面では自然の成り行きである。もともと信仰をもっていた人はより熱心な信者になり、宗教を持たなかった人は教育をうけて信者になる。

宗教委員は、必ずしも聖職者だけではない。一般信者も宗教委員として活動できる。

〈表12〉は、宗派ごとの宗教委員の人数を表す。

〈表12〉宗派別の刑務所宗教委員

宗　派	プロテスタント	仏教	カトリック	その他	合計
人　数	949人	653人	334人	27人	1,963人

出典）『2011犯罪白書』〈表Ⅲ-25〉

宗教委員を宗派別に分けると受刑者の宗教とほぼ一致している（表13参照）。

〈表13〉受刑者の宗教

宗派	プロテスタント	仏教	カトリック	その他	無神論者	合計
人数(％)	12,898 (40.3%)	8,073 (25.2%)	4,363 (13.6%)	1,785 (5.6%)	4,862 (15.2%)	31,981 (100%)

出典）『2011犯罪白書』〈表Ⅲ-27〉

死刑囚の処遇において大きな特徴は、民間ボランティアが、毎週、刑務所に入り一緒に宗教的な儀式を行うことである。このボランティアたちは宗教委員として、刑務所から出入りが認められている。

ソウル拘置所では、仏教とプロテスタント、カトリック、そして円仏

教（韓国土着仏教）の宗派が定期的に儀式を行っており、儀式を行う部屋もそれぞれ割り当てられている。

　ソウル拘置所によれば、2012年6月、収容されている死刑囚が18人いるが、彼らの宗教はプロテスタント（8人）、カトリック（5人）、仏教（3人）、その他（1人）、無宗教（1人）の順である。かつては死刑囚がもっと多かったけれども、いまは少なくなった。死刑囚も刑務作業ができるようになり、刑務作業を申し込んだ死刑囚がほかの刑務所へ移ってしまったからである。

　ソウル拘置所の発表では、カトリックを信仰する死刑囚が5人であったが、ミサにでる人は4人である。ミサは月曜日と火曜日、金曜日の3日間に渡って行われる。

　死刑囚が4人しかいないのに、ミサが3日間も行われるのは、1回のミサに死刑囚1人しか参加できないからである。盧武鉉政権までは5～6人の死刑囚が一緒にミサを捧げたが、李明博政権になってからは、どういうわけか一人ずつ行うように変わった。

　そのため、週と曜日ごとに、拘置所に出入りする聖職者と民間ボランティアも異なる。月曜日と火曜日は3人、金曜日には2人である。月曜日と火曜日はミサが1回行われるが、金曜日には死刑囚が2人参加するので、ミサも午前と午後、2回行われる。

ある夫婦の活動

　金正愛（キムジョンエ）さんは1997年から受刑者の教化活動に加わり、死刑囚と関わったのはもう10年になる。夫の姜鳳賢（カンボンヒョン）さんのお兄さんが矯正局の幹部であったこともあり、何の抵抗もなく受刑者の教化活動を始めた。

　彼女は、金曜日は午前10時から午後3時まで、刑務所の中で過ごす。午前と午後のミサには、死刑囚が1人ずつ参加する。午前の集会は10時から12時半まで、そして午後の集会は12時半から3時までである。

10時までに拘置所に集まる。自由に出入りできる「宗教委員室」を、拘置所が提供している。手にはお餅とパン、果物をもっている。死刑囚に食べさせるために用意したものである。その費用はみな個人の負担である。かつては受刑者にコーヒーが大人気であったのでたくさん持ち込んだが、今はコーヒーは受刑者も自由に買って飲めるので持ち込まない。

　10時直前に、神父と他のボランティア1人と一緒に出入り口に並ぶ。タバコやライター、携帯電話などは持ち込み禁止であり、セキュリティ・チェックを受ける。が、チェックはそう厳しくない。信仰をもった人であり、長い間付き合っているので、ある程度信頼関係も築かれている。宗教は教務課が担当する。教務課の担当刑務官の案内にしたがって、長い廊下と鉄扉をくぐり、ミサの行われるカトリックの部屋に着く。部屋は6坪ぐらいである。

　神父がミサの準備をし、ボランティアたちは、賛美歌の演奏用のバイオリンとチェロを調律する。刑務官が死刑囚を連れてくる。神父と握手を交わし、ボランティアと抱き合って安否を問う。カトリックでは、死刑囚を死刑囚といわず、「最高囚」という。「死刑」という言葉の意味やわるい響きを避けるためである。

　もう10年以上の馴染みである。1時間のミサを捧げた後、残りの時間、持込の食べ物を一緒に食べながら、いろいろ相談をうける。

　この間は、ある死刑囚から、兵役義務で悩んでる息子が心配だという相談を受けた。それで、その死刑囚の家を直接訪

死刑囚の手紙を見せてくれる高鳳賢・金正愛のご夫妻

問した。脳梗塞に倒れた両親を介護しながら、子供を立派に育てた死刑囚の奥さんを讃える。

　死刑囚からもらった手紙をみせてくれる。ていねいに書かれた手紙を読んでみたら、死刑囚がボランティアのことを「お母さん」と呼んでいた。「彼は何歳ですか」と聞いたら、49歳だという。彼女と歳が違わない。

　具体的にどんな犯行なのか知ってますかと聞いたら、隣にいる夫の姜鳳賢がさえぎる。ボランティアとは奉仕が役目であり、犯行の内容まで知る必要はないという。犯行がわかってしまうと、どうしてもその犯行に基づいて相手を見てしまうから駄目だと注意された。長い間、受刑者と死刑囚を接してきた経験があってのことである。

　私も、ずっと前、宗教委員として推薦され、刑務所へ入り死刑囚に会ったことがある。始めて拘置所へ入るようになった日の前の晩、なかなか眠れなかった。死刑囚に会ったら何と言葉をかければよいだろうか。死を待っている人に語りかけるよい言葉がみつからなかった。ところが、心配はご無用。私が話しかける前に、相手の死刑囚が私を励ましてくれたからである。私の忙しい仕事ぶりを紹介したら、「あまり無理しないで下さい」、と慰める。忘れられない、すごい経験であった。彼はいまだ拘置所にいる。

　タバコが吸えないのはきつかった。一度刑務所の中に入ると、外へ出難い。チェーン・スモーカーの私には、6時間もタバコを吸えないのがまるで拷問であった。午後のミサを終え、外へ出るやいなや、何本を連続して吸ってしまった。タバコを吸う人は、宗教委員には向かないかも知れない。今はタバコをやめている。

第9章　死刑囚の刑務作業と教化

第10章　殺人被害者への支援

死刑執行では遺族の憎しみが晴れない

　死刑存置論者はいつも被害者の感情を前面に出す。感情移入のメカニズムを通じて被害者の感情を注ぎ入れ、国民を「潜在的な被害者」に仕立てる。そして、国民の怒りを通じて存置論を正当化する。存置論者にとって被害者の感情は最後の砦であり、武器かも知れない。

　それでは、死刑を執行すると被害者の感情は緩和されるだろうか。

　国家人権委員会の調査によると、死刑の執行により被害者遺族の恨みが晴れると答えたのは、国民の10.5%に過ぎない。むしろ、裁判官（23.0%）や検察官（34.1%）、刑務官（43.4%）のほうが高かった（表14参照）。

　さて、存置論者は本当に被害者の感情を理解しているだろうか。そう

〈表14〉被害者遺族の救済方法

区分	調査人数	死刑執行で恨みが晴れる	被害者遺族の救済方法（複数）			
			精神的治療	慰労金支給	和解プログラム	税金減免学費補助
一般国民	1,064	10.5%	43.5%	35.4%	25.7%	24.7%
市民運動家	260	6.5%	58.5%	35.8%	42.7%	21.9%
国会議員	100	7.0%	48.0%	33.0%	33.0%	15.0%
マスコミ関係者	278	12.9%	43.2%	33.8%	25.9%	24.8%
裁判官	113	23.0%	58.4%	54.0%	21.2%	31.0%
検察官	138	34.1%	37.7%	54.3%	16.7%	29.7%
弁護士	105	18.1%	37.1%	41.9%	37.1%	19.0%
刑務官	106	43.4%	46.2%	42.5%	17.0%	22.6%
民間矯正委員	103	7.8%	40.8%	24.3%	60.2%	6.8%

出典）国家人権委員会「死刑制度に対する国民意識調査」（2003.12）、〈表18〉

ではない、と思う。被害者の「感情」について口にするけれども、被害者の「支援」にはそれほど関心がない。被害者の感情を盾に死刑を正当化するけれども、いざ被害者の支援活動には消極的である。存置派にとって被害者は、死刑制度を正当化するための「手段」や「道具」にすぎない。死刑存置論者は被害者を擁護し、廃止論者は加害者を擁護するというのも、歪められた公式である。廃止論者も被害者の感情を重んじるし、被害者遺族の支援に努めている。存置派であれ廃止派であれ、被害者への支援は皆が協力して推し進めるべき課題なのである。

被害者救助制度の始まり

犯罪被害者への支援は、1987年11月に制定され翌年の1988年7月に施行された、「犯罪被害者救助法」の制定から始まる。犯罪被害者救助法の制定理由はつぎのように書かれている。

「強力犯罪による被害がだんだん深刻になりつつある趨勢なのにもかかわらず、現行の法体系の下では、被害者が最も大切な生命・身体の危害を受けても、加害者が明らかではないか資力のない場合は、なんの金銭的救済も受けられない実情があり……」

犯罪被害者救助法の制定により、加害者が誰なのか分からないか、資産がないために被害者が賠償を受けられず生計が立てられない場合、被害者やその遺族は犯罪被害救助金を国からもらうことになった。死亡した場合は遺族救助金を、重障害をうけた場合は障害救助金をもらう。

犯罪被害者救助法はもともと、日本の「犯罪被害者等給付金支給法」をモデルにしてつくられたものである。現職の検事が日本へ国費留学して被害者学を学び、犯罪被害者の救助の必要性を強調した。それが実を結び、法律が制定されたのである。そのため、日本では警察が犯罪被害

第10章　殺人被害者への支援　111

者救援を主導するのに対し、韓国では検察が主導している。

役に立たない被害者救助

しかし、法律が制定されたものの、犯罪被害者救助は名ばかりで、被害者にはそれほど役に立たなかった。国民がこの制度についてあまり知らないし、政府も積極的に広報しなかった。

また、救助金の額も大変少なかった。遺族救助金が最高1000万ウォンしかない（日本円で70万円ぐらいである）。ひき逃げ事件の被害者に1億ウォンが支給されるのに比べると、全くスズメの涙である。救助金を申し込むためには、地方検察庁へ行かなければならない。

申し込んでも、すべてが認められるわけでもない。加害者の正体が分からない場合と加害者に資産がない場合にのみ、申請することができる。しかし、このような加害者の事情を被害者がどうやって調べることができるだろうか。わかる術がない。被害者を助けるためにつくった制度なのに、壁があまりにも高い。

〈表15〉は2005年から2009年まで5年間、犯罪被害者救助金の支給現況を現したものである。毎年、200件余りの申し込みで、その60%ぐらいしか認められていない。年に支給する救助金の総額も、20億ウォンぐらいしかない。

〈表15〉犯罪被害者救助金の支給

	申し込み		処理結果			
	件数	金額(千ウォン)	件数	金額(千ウォン)	不支給決定	未済件数
2005	221(100%)	2,052,333	118(53.4%)	1,065,133	51(23.0%)	52(23.5%)
2006	199(100%)	1,851,000	117(58.8%)	1,063,000	33(16.6%)	49(24.6%)
2007	260(100%)	2,449,000	169(65.0%)	1,607,000	41(15.8%)	50(19.2%)
2008	237(100%)	2,225,000	155(65.4%)	1,411,000	29(12.2%)	53(22.4%)
2009	295(100%)	3,611,667	205(69.5%)	2,204,833	46(15.6%)	44(14.9%)
計	1,055(100%)	9,851,333	633(60.0%)	5,795,533	177(16.8%)	245(23.2%)

出典）『犯罪白書2010』の〈表Ⅱ-72〉

大切な家族を失って悲しんでいる人が、そう多くないお金をもらうために、わざわざ地方検察庁まで行かなければならない。すごく非人間的な仕組みである。加害者が誰なのか、加害者に資産があるかどうかは、警察や国税庁と協力すれば、すぐわかる情報である。ならば、被害者にこの情報を知らせて、申し込むようにすればよい。わざわざ地方検察庁まで来させる必要などない。

　犯罪被害者の高貞元(コジョンウォン)さんは連続殺人事件に巻き込まれ、3人の家族を失った。被害をうけた直後は、家族を失った人間が金をもらうために行くのは恥ずかしく思えて、申し込みを諦めた。ところが、ある程度心も整理しショックも収まって、救助金を申し込む気になった。自分は経済的にあまり苦しくはないけれども、ほかの被害者は生活が困難である。そこで、小額ながらその被害者たちのために使おうと決心して、申し込もうとしたのである。ところが、申請できる期限がすぎてしまっていたという。

　被害者救助に時効を設ける必要があるだろうか。時効を設けたとしても、被害者にその旨を知らせることが何故できないか。電話や通知文一本で可能なはずである。

「犯罪被害者保護基金法」と罰金の活用

　2005年12月に「犯罪被害者保護法」が成立し、遺族救助金の額が引き上げられた。遺族の数と生計維持の状況を考慮し、被害者の死亡当時の給料あるいは実収入・平均賃金の18〜36ヶ月分を認めるようになった。その結果、被害者の配偶者や子供は給料の30ヶ月分、両親や祖父母・孫や兄弟は24ヶ月分がもらえる。

　救助金の額が引き上げられた背景には、2010年5月に制定され2011年1月から施行された「犯罪被害者保護基金法」の成立がある。犯罪被

害者の保護・支援に必要な資金を助成するため犯罪被害者保護基金を設けたが、その主な財源は国民から徴収した罰金なのである。国庫に納められた罰金の4％が被害者保護基金に自動的に振り込まれる。その額は、毎年600億ウォン余りにのぼるという。

贖罪金制度の導入の必要性

　保護基金の財源が安定的に確保できたことにより、犯罪被害者への保護や支援はより厚くなった。しかし、犯罪被害者の感情や心情がこれで解消されたわけではない。

　そこで、わたしは贖罪金制度を導入してはどうか、と考えている。これは、損害賠償制度とは異なる。韓国においても、被害者が犯人の刑事裁判において、損害賠償をもらえる「賠償命令制度」がある。しかし、わたしが考える贖罪金は、犯人が刑務所で刑務作業をしてもらう「作業奨励金」の一部を被害者遺族へ贖罪金として送る制度である。

　行刑法の改正により、死刑囚が刑務作業ができ、作業奨励金をもらっている。その一部を貯めて被害者遺族へ送ることによって、被害者遺族の憎しみをいくらか和らげる方法はないか、ということを考えている。

　ただ、死刑囚の「作業奨励金」の金額が月15万ほどの小額であるのが問題である。いずれにせよ、加害者と被害者を対立させるのではなく和解させるシステム、犯罪者が被害者に贖罪し被害者は犯罪者を赦すシステムを築く努力が必要だ。この頃、注目を集めている「修

同一事件の加害者・被害者ではないが、死刑囚が贖罪し、殺人被害者が赦した。

復的司法」の一つかもしれない。

　犯罪被害者への支援は、死刑廃止問題と別の問題であるかもしれない。しかし、被害者遺族のトラウマや心理治療を考えるならば、犯人の労働の対価を被害者遺族に支給する贖罪金制度は、被害者遺族の憎しみを少しでも和らげるかも知れない。

「官」主導の被害者支援活動

　韓国においては、犯罪被害者を支援する民間団体ができたのは、1990年代に入ってからである。しかし、そのほとんどは性的暴力や家庭内暴力を扱う相談所であり、殺人のような凶悪事件や一般犯罪を扱うところはなかった。

　一般犯罪の被害者を支援する団体の始まりは、2003年9月に慶尚北道の亀尾で開所した犯罪被害者支援センターである。そして、同年11月には大田、12月には金泉にもセンターが設立された。ここでは、単なる相談だけでなく法廷エスコートや医療支援、和解・仲裁など、さまざまな被害者支援が試みられた。2011年12月末現在、全国には犯罪被害者支援センターが57ヶ所ある。

　しかし、犯罪被害者支援センターの多くは、表向きは民間団体を標榜するけれども、中身は「官辺団体」である。検察庁は、2004年10月、「犯罪被害者保護及び支援に関する指針」を地方検察庁に送り、2004年12月から2005年2月までの短期間に地方検察庁や支庁ごとに犯罪被害者支援センターを設立させたのである。

　犯罪被害者支援センターへ電話をかけると、「検察庁を訪ねていただきまして誠にありがとうございます」という機械音が聞こえる。一部のところを除き、ほとんどのセンターは検察庁の庁舎に事務室が設けられている。韓国の犯罪被害者センターは、検察の主導で進められている。

　韓国においては、運営費の調達などの問題のため、純粋な民間団体と

して活動することが難しい。そのため、ほとんどの犯罪被害者支援センターは法務部から補助金をもらっている。法務部から補助金をもらうためには、法務部に法人として登録し、事業の目的と内容、経費などの書類を法務部長官に提出しなければならない。そして、団体の会計と財産も報告しなければならず、公務員から帳簿・書類などの検査をうけることもある。法務部に登録し補助金をもらう以上は、監督やチェックを受けなければならない。

被害者支援活動への切っ掛け

犯罪被害者の支援を語るとき、どんな「犯罪」の被害者を支援するかを決めるのが大切である。ところが、被害者支援センターの多くは、殺人など強力犯罪の被害者に対する目だった支援活動がない。殺人の被害者遺族が接触を避けていることもあるけれども、被害者センター側に支援体制が整ってないのも理由の一つである。

事実、殺人被害者は他の一般犯罪被害者とは違って、接触すること自体が難しい。隣近所の囁きや慰めが、かえって棘のように胸にささる。接触により、忘れかけている事件が甦ってしまう。どうしても、接触を避けて孤立してゆく。

わたしが、被害者支援について考え始めたのは2005年のことである。死刑廃止活動がなかなか進まず、大きな壁にぶつかったような感じであった。深く考えた末、被害者問題に原因があったことを悟った。被害者感情の問題を解かないかぎり、死刑廃止はない。被害者のことをなんとかしなければと思い、被害者研究に取り組み始めた。

このように、私の被害者研究は、被害者の痛みを分かち合い、彼らを支援しようという目的からではではなく、死刑廃止という戦略のための「戦術」に過ぎなかった。薄っぺらな悪徳商法のようなものであり、大きく反省している。

日本へ行って答えを見つけようと思い、東京へ発った。東京へ行くのはほとんど死刑廃止の講演のためだったが、その時は講演を頼まれたわけでもなかった。日本の犯罪被害者支援現場を見たかった。東京に着いて仲間たちに連絡すると、どうしたのという驚きの反応。

　翌日、東京新宿区にある被害者支援都民センターに足を運んだ。雪がちらちら降る肌寒い日だった。事務局長の親切な案内で、センターの諸々の活動について詳しい説明をうけた。沢山の資料も頂き、センターをあとにした。しかし、殺人被害者のための支援については、都民センターはどうもモデルではないような気がした。

　また、殺人被害者遺族の会にも電話をいれた。いろいろと話を聞き、必要な資料も買い求めるつもりであった。しかし、予想外のことに、断わられた。誰にも会わないことにしており、ほしい資料があれば、郵便振替で本代を振り込むと宅急便でホテルに届けるという返事だった。閉ざされた殺人被害者の気持ちを改めて感じた。気がどんどん重くなった。

　そこで、安田好弘弁護士に会い、殺人被害者運動のあり方について相談をした。安田弁護士は一つだけ、私に注意をした。「被害者運動をするのはいいけど、政府からは金をもらうな」。そして、モデルとしてドイツの被害者支援団体の資料を渡された。実際、法務部から補助金をもらうと、その後処理が大変である。使いみちを証明する書類作業がなかなか面倒である。

　また、法務部から金をもらうと、死刑廃止運動が進められない恐れがある。法務部が死刑存置の態度をとっているのに、政府から補助金をもらいながら、民間団体がそれに逆らって自由に廃止運動ができるはずがない。まだ、被害者支援と死刑廃止運動とは両立できない雰囲気である。

殺人被害者の支援と「ヘミル」

　犯罪被害者を支援する方法はいろいろあろうが、場合によっては、「官」

が介入しないで「民」が進めたほうがよい部分がある。例えば、殺人被害者遺族の「心」のケアーは、とりわけ民間の力が絶対必要である。金銭的・経済的支援は法務部も簡単にできるけれども、内面的な「トラウマ」の治療はできない。やはりそのへんは、民間の力を借りたほうがよい。カトリック・社会矯正司牧委員会(以下「矯正司牧委員会」という)の李永雨(リヨンウ)神父に会い、東京の旅を報告すると共に、被害者支援活動について話し合った。彼の決断で、殺人被害者遺族のための活動が始まった。そのために、「ヘミル」という被害者の自助グループを結成させた。2006年11月23日、神父と事務局長、シスターと被害者家族が顔を合わせた。私も加わった。テレビ局がカメラをもって撮ろうとしたけれども、被害者の気持ちを察して止められた。

　ヘミルとは、雨の後にぱっと晴れた空を意味する。犯罪に遭って大変な被害を被ったけれども、そこから立ち上がって欲しいということを祈願する意味が込められている。矯正司牧委員会は、ヘミルの家族がいつでも訪れて気軽に休めるように、専用部屋を用意して提供している。専門家を招聘して心理治療を施すほか、国内旅行も一緒にしている。「ヘミル」

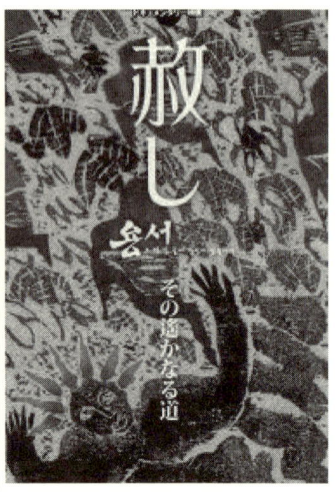

ドキュメンタリー映画『赦し：その遥かなる道』のDVD。チョウ・ウクフィ監督、韓国SBS制作。左は韓国語版、右は日本語字幕スーパー入り、ナレーション・竹下景子。発行は、死刑廃止国際条約の批准を求めるフォーラム90、頒価1000円。

は月1回会合を開き、痛みを分かち合っている。連続殺人事件の被害者を中心に、現在六つの被害者家族が参加している。殺害被害者の苦悩と苦しみ、恨みや赦しを描いたドキュメンタリ映画『赦し：その遥かなる道』がある。日本でも上映され、CDも販売されていると聞くが、そこに出演された家族たちもヘミルに加わっている。

矯正司牧委員会の活動

　わたしが初めて矯正司牧委員会と関わったのは、矯正司牧委員会の主催したセミナーで、刑務官を対象に「死刑制度と刑務官の人権」について講演をした1999年である。それ以来、死刑廃止や被害者支援など、矯正司牧委員会の活動に関わってきた。かれこれ13年になる。

　矯正司牧委員会はカトリックに所属する機関で、刑務所の受刑者の教化活動をするために結成された。1970年の「刑務所後援会」から、今年で42年が経っている。矯正司牧委員会の主な活動は、以下のとおりである。

　　○受刑者の矯正・教化　　○出所者・犯罪被害者への社会復帰支援
　　○出所者への宿泊提供　　○殺害被害者遺族の支援
　　○受刑者家族の支援　　　○死刑廃止運動

　まず、受刑者の矯正・教化活動である。矯正司牧委員会の活動領域は、四つの矯正施設（ソウル拘置所・城東拘置所・ソウル南部拘置所・ソウル南部刑務所）と二つの少年保護機関（ソウル少年院・ソウル少年鑑別所）である。これらの施設に収容されている、受刑者の悩み相談や支援活動をしており、矯正・教化活動も積極的に行っている。青少年を対象にした性犯罪者に対する再犯防止教育も実施する。刑務所で行われる体育大会や、受刑者が自演する音楽会と演劇会も支援する。受刑者の誕生日祝

いや領置金支援なども行っている。

矯正司牧委員会のセンターは、ソウル城北区にある。5階建ての本館と3階建ての別館で、3人の神父と1人のシスター、12人のスタッフが勤めている。このほかにも、矯正現場の一線で活動する民間ボランティアが150人ぐらいいる。

日弁連の調査団の訪問を受け、ブリーフィングしている矯正司牧委員会の金聖殷（キムソンウン）神父

民間ボランティアとして活動するためには、前もってボランティア教育を受けなければならない。9月から12月にかけて13回にわたって行われる教育には、非行心理や矯正相談など、受刑者の特性を理解する科目が多く含まれている。

次に、出所者の社会復帰支援である。刑務所を出所した者の最も大きな悩みは就職である。しかし、前科者という理由で、なかなか就職できない。そこで、出所者の経済的な自立を図るべく、起業資金を無担保で貸し出している。そのために、2008年に「喜びと希望の銀行」を委員会内部に設けた。出所者には「喜び」になり、受刑者には将来の「希望」になるという意味が込められている。出所して3年経たない者が対象である。犯罪被害者もこの貸し出しが適用される。

年2％の低利で、無担保である。貸出し額は、1000万ウォンであるが、経営改善資金が必要であると認められた場合は1000万ウォンを追加することもできる。そして、建物などの賃貸保証金として、2000万

防水関連の事業を起こした出所者を訪ねた、「喜びと希望の銀行」の関係者。

ウォンを貸出す。利子は貸出しの翌月から払わなければならず、元金は6ヶ月間は据置き、54ヶ月間分割で返す。

貸し出しの人数は125人で、額は21億ウォン弱である（日本円1億5千万弱である）。返済率は50％ほどであるが、出所者の事業としてはそう悪くないと評価されている。ただ、これから景気が悪化するだろうと見込まれており、返済率が落ち込むのではないかと心配される。2012年5月末現在、貸出額は下表の通りである。

〈表16〉出所者への貸し出し (2012.5.31 現在)

区　分		件数（人）	貸出額ウォン（万円）
出所者	2008 年	7	95,000,000 (6,785,714)
	2009 年	41	753,000,000 (53,785,714)
	2009 年	46	798,000,000 (57,000,000)
	2011 年	16	255,000,000 (18,214,285)
	2012 年	10	140,000,000 (10,000,000)
	経営改善資金	3	26,000,000 (1,857,142)
被害者家族		2	30,000,000 (2,142,857)
計		125	2,097,000,000 (149,785,712)

（注）為替は100円を1,400ウォンに計算した。

融資を受けるためには、一定の手続きがいる。1週間の「創業教育」を通じて、起業のノウハウや運営、立地分析、事業計画書の書き方を習う。創業教育を修

すべてのコースを終了し、貸し出し契約を結ぶ

了すると、事業計画書を提出する。この事業計画書をもとに、商売の可能性を探るため、専門コンサルタントが現場を調査する。その後、面接審査が行われ、個別コンサルタンティング教育を行う。この教育コースをすべて終えれば、契約を結ぶ。そして起業する。起業の中身は、卸問屋や小売業が最も多く（30%）、食堂（28%）、サービス（20%）の順である。起業の後も、毎月マネージャーが現場を訪れ指導する。
　さて、本館の3階には、「平和の家」というところがある。出所者の社会復帰を手伝うために、彼らに提供する寝泊りの空間である。1人部屋と共同部屋があり、全部で15人が入れる。無料で宿泊や食事を提供するのはもちろん、健康診断や職業訓練代も支援する。居住期間は原則的に6ヶ月であり、再審査で延長を認める。「平和の家」を出たけれども、寝泊りできる場所がない場合は、ソウル市当局と

ソウル新聞に報道された出所者の商売

122

公立更生保護機関である韓国法務保護福祉公団と協力して、公営住宅に入居させる。

矯正司牧委員会は、積極的に死刑廃止運動も行っている。セミナーやシンポジウムなどを数え切れないほど行ってきた。日本の「死刑廃止フォーラム90」やアメリカの「人権のための殺人被害者遺族の会」（MVFHR:Murder Victims' Families for Human Rights）と連携するほか、映画『デッドマン・ウォーキング』の主人公である、ヘレン・シスター・プレジャンなど有名人を招き、講演会やシンポジウムなどを開催している。

平和の家の居間と部屋

また、『私たちの幸せな時間』の著者で、韓国のベストセラー作家である孔枝泳(コンジヨン)さんを広報大使として招き入れ、文化活動を通じた死刑廃止運動を展開している。『私たちの幸せな時間』は自ら宗教委員として活動し、死刑囚と接した経験をもとに作り上げた作品であり、作中の人物

第10章　殺人被害者への支援　123

も実存している人をモデルにしている。彼女は現在も宗教委員として、定期的に死刑囚に会っている。

矯正司牧センターの〈和解の橋〉
本館（右）の3階には出所者の「平和の家」があり、別館（左）の2階には被害者の〈ヘミルの部屋〉がある。両ビルは橋でつながおり、〈和解の橋〉になる。正面の人物は、副委員長の金讚美（キム・チャンミ）神父

第11章　死刑廃止運動の歩みと展望

死刑廃止運動の始まり

　韓国で死刑廃止運動団体といえば、「死刑廃止運動協議会」と「死刑廃止汎宗教連合」をあげることができる。

　死刑廃止運動協議会は、1989年に発足した民間団体である。1989年は、アムネスティ・インターナショナルが死刑廃止の年に決め、大々的に死刑廃止運動を展開していた時期である。ソウル拘置所の受刑者を相手に教化活動を行う「ソウル拘置所教化協議会」を母体にしている。会長の李相赫弁護士を中心に、カトリック・プロテスタント・仏教など、聖職者と刑務所の教化委員によって構成されている。最初の死刑廃止運

死刑廃止協議会と汎宗教連合会が共同主催した「2001年死刑廃止アジアフォーラム」

宗教者の死刑廃止運動。「死刑制を終身刑へ」と書かれた紙が見える。

動団体として、荒れ地を切り拓き、韓国に死刑廃止運動のきっかけをつくった李相赫弁護士の眼目と献身ぶりは高く評価すべきである。

また、大法院や憲法裁判所へ違憲審判訴訟を起こしたほか、講演会やセミナー・シンポジウムの開催など、その活動には目を見張るものがある。韓国死刑廃止運動の歴史において大きな足跡になると思う。

一方、後者の「死刑廃止汎宗教連合会」は、カトリック正義平和委員会・キリスト教会協議会・仏教人権委員会など、いくつかの宗派が2004年に発足させたものである。宗教界の力でもって死刑廃止運動を進めようとしたのであり、死刑廃止活動において大きな力を発揮している。

韓国の死刑廃止運動はこの両者の努力と力によって展開されてきたといえる。死刑廃止法案も宗教界のバックアップがあって提出できたし、国民への広報活動やシンポジウムの開催も、宗教界の支援があって可能であった。韓国における死刑廃止運動は宗教を中心に展開されたといっても過言ではない。

宗教の役割と限界

もちろん、死刑廃止への意気込みは、宗派ごとに温度差がある。もっとも積極的なのはカトリックである。カトリックは死刑制度廃止小委員会を設けて毎月会議を開き、死刑廃止のための論議をしている。1992年には86,509人の信者が死刑廃止を訴えた決議文に署名し、違憲訴訟を

カトリック主導の死刑廃止の署名運動

行っている憲法裁判所へ提出した。カトリック教会の先頭に、前述した矯正司牧委員会が位置している。

　宗教界の死刑廃止運動を紹介すると、韓国では政教分離の原則はないのかという質問が飛んでくる。韓国でも政教分離の原則はもちろんある。しかし、日本と韓国では、宗教をみる視角は相当異なる。韓国における宗教界のパワーはすごいものがある。

　韓国人のほとんどはみずから信者であることを名乗ることが多い。2009年末現在、全人口における各宗派の占有率は、仏教 (1,072万人、22.8%)、プロテスタント (861万人、18.3%)、カトリック (514万人、10.9%) などである。この三つの宗派だけで52.0%にのぼる。これは5年に一度行われる人口センサスの調査結果であって、各宗派の発表を集計すると、信者の数が人口を上回ってしまうという。

　そのため、宗教指導者の発言力は強く、政界も宗教界の要求に耳を傾ける。信者の「票」を意識せざるをえないからである。大統領選挙に立候補した候補者は、必ず宗派の指導者に会って会見をする様子の写真を流す。政教分離原則は、ほとんど意識されない。

　韓国の死刑廃止運動においても宗教界はすごい影響力を発揮してきたし、このことは高く評価しなければならない。ただ、宗教界主導の死刑廃止運動にはおのずから限界があるのも事実である。宗教界が死刑執行の停止には大きな力を発揮したけれども、法的に死刑を廃止させるほどの力は発揮できていない。国会議員は宗教界を気にしながらも、市民の目を意識せざるをえない。国会議員にとって最後の顧客は「市民」であるからである。

「市民」のない死刑廃止運動

　一方、韓国における死刑廃止の民間団体は、市民団体の性格をもたない。この頃、アムネスティ・韓国が死刑廃止運動に力を入れつつあるけ

れども、その影響力は宗教界に及ばない。

　韓国には、日本でよく見られる「〇〇〇さんを救う会」のような活動はされていない。具体的な「人」はみようとせず、まとまった形の「死刑囚」しかみない。たとえ死刑囚の釈放運動が行われたとしても、それは民主化運動の延長として行われるものである。政治的な問題であって、死刑廃止の問題ではない。

　韓国の死刑廃止運動は、いってみれば「市民」のない「神々」の運動である。死刑執行を止めるには大きな力を発揮したけれども、廃止法案を通らせるまではまだ力が及ばない。「市民」を育て、草の根レベルの市民運動にどう広げるか、これが韓国の死刑廃止運動の課題であるといえる。

死刑再執行の危機

　15年間の執行がない間に、再執行の危機がなかったわけではない。とりわけ、李明博政権は「法秩序の確立と公権力の権威の回復」を重要な課題の一つとして取り上げていたから、死刑執行の可能性は常に存在していた。

　その最も危機的な状況が、2009年に訪れてきた。韓国第二の都市である釜山で、女子中学生が失踪した事件がおきる。強姦された後に殺害された死体が発見された。捜査の結果、犯人は逮捕されたが、被害者の捜索や犯人の逮捕がテレビで生中継されるなど、国中がパニックに陥った。

　死刑を執行せよという世論が高まり、法務部長官は具体的な死刑執行の動きをみせた。2010年3月16日、李貴男(イキナム)法務部長官は慶尚北道青松郡にある刑務所を訪れ、そこに死刑場を設置する方法を検討するよう指示した。全国に散らばっている全ての死刑囚を青松刑務所に集め、死刑囚専用刑務所にする構想を明らかにしたのである。

青松刑務所は過去、「青松保護監護所」として悪名高かったところである。保護監護とは、全斗煥軍事政権が導入した制度である。同じ犯罪あるいは類似の犯罪で2回以上禁固以上の実刑を受け、刑期の合計が3年以上の者は、刑の全部または一部の執行を受けた後でも再犯の危険性があると認められた場合は、懲役刑を終えた後にまた保護監護所へ移送され7年間の保護監護処分をうけることになる。青松刑務所は、全国唯一の保護監護所であった。

　しかし、1989年、憲法裁判所は保護監護制度について、二重処罰禁止の原則と過剰処罰禁止の原則に反するといって違憲とした。それで、保護監護制度は廃止されることになった。

　ところが、女子中学生の強姦殺害事件が起き、死刑執行の世論が高まるのをきっかけに、法務部長官はこの「保護監護制度」を復活させると共に、青松刑務所に死刑囚を集めて、いつでも執行できるような体制を築こうと企てたのである。

　しかし、法務部長官の計画は失敗におわった。保護監護制度の復活に対する国民の批判が強いうえ、青松刑務所へ死刑場を設置することに、青松郡の議会がつよく反発したからである。

　「1983年にわが青松郡に『保護監護所』が設置されてから、数多くの収容者たちの集団断食と死亡、自殺などが続き、『悪名高い刑務所』のあるところと刻まれている。……もし、死刑執行施設が設置されることになれば、大多数の国民は、わが青松郡を『死刑場』のあるところとして認識するだろうし、綺麗な地域というイメージもまた害されるだろうと恐れる。とりわけ、『死刑囚は死刑執行場のある収監施設に収容しなければならないので、青松刑務所に死刑執行施設を設置する』という法務部の立場は、郡民の情緒を無視したものであり、到底受け入れられない。」

　国民の死刑制度に対する世論は、圧倒的に存置に傾いているけれども、

第11章　死刑廃止運動の歩みと展望　129

死刑囚専用の刑務所を作ろうとする構想に対して、地域住民たちはつよく反対したのである。死刑執行よりも経済が優先されている。

韓国では刑務所を「刑務所」といわず「矯導所」という。1961年に刑務所から矯導所に変えた。刑務所というと刑に服するというイメージが強いが、矯導所というと受刑者を矯正して社会に導くというイメージが浮かぶ。とてもよい名称だと思う。もし矯導所で死刑執行されるとしたら、矯導所は名ばかりになってしまう。

李明博大統領の指示を受けて開かれた党政協議会

一方、李明博大統領は厳しい世論を汲みいれる形で、死刑問題を党内で議論するよう求める。これをうけて、与党のハンナラ党と警察庁、法務部、行政案全部により党政協議会が開かれた。でも、死刑執行を諦めるしかなかった。

死刑執行を諦めた背景には、EUとの自由貿易協定（FTA）の締結に及ぶ悪影響などが働いた。この件については後述するけれども、いずれにせよ死刑は単なる国内法の問題だけでなく、国際関係・外交関係・通商関係の問題にもあるということが確認された。

ちなみに、女子中学生の拉致・強姦・殺害事件について、2010年6月25日、釜山地方裁判所は、「過去にも性的暴行犯罪の前歴があり、汎人倫的・反社会的犯罪を繰り返したこと、もっぱら性的欲求を満たすために幼い被害者を惨めに殺害したこと、過ちを全く反省しないこと、暴力的な性向などを考え合わせると、社会から永遠に隔離する必要がある」という理由で、死刑を宣告した。しかし、控訴審の釜山高等裁判所は、2010年12月15日、「被告人の犯行に社会の責任も一部あるし、世論に巻き込まれてみだりに死刑を宣告してはならない」として、無期懲役に減刑した。

これまでの判例の傾向から見ると、この事件ははじめから死刑を宣告するほどの事件ではないことが分かっていた。ところが、法務部は世論を背負って死刑執行に持ち込もうとしたのである。いずれによせ、この動きにより、李明博政権ではいつ死刑が執行されてもおかしくないことが強く印象づけられた。

アムネスティ・インターナショナルの要請

　死刑再執行の動きを察すると、執行を憂慮した外国の機関や団体が李明博大統領へ、執行停止を訴える手紙を送ってきた。
　アムネスティ・インターナショナルは李明博大統領へ公開書簡を送り、潘基文国連事務総長が死刑モラトリアムを採択する際に、「今日の表決は、国際社会の勇気ある一歩を表すものであります。世界の各地域の国々がこの決議を支持したことに、とりわけ心強いと思います。これは死刑の全面廃止に向けた流れがあることを現す新たな証です」と述べたことに触れ、死刑執行を再開しないよう要請した。

李明博大統領への公開書簡

李明博 大統領閣下

　貴国の政府が死刑執行を再開することを検討している、と聞きます。私は、死刑の執行により、貴国がこの頃続けてきた執行停止の実績を覆すことのないよう、大統領に求めます。もし死刑の執行を再開するならば、このことは死刑廃止に向けた世界の流れを無視することになります。
　2月12日、与党のハンナラ党、警察庁、法務部、行政安全部が参加した合同会議が行われ、現在の58人の死刑囚を処刑する

第11章　死刑廃止運動の歩みと展望

か、あるいは減刑可能性のない終身刑を導入するかについて論議されたとききます。

アムネスティ・インターナショナルは1997年12月以降、貴国で死刑執行がないことを何度も重ねて歓迎し、貴国を事実上の死刑廃止国と見做してきました。私たちは、連続殺人事件の姜容疑者が7人の女性を殺害した事件に対する国民の強い関心と怒りについても知っています。私たちが死刑に反対しているのは、どんな理由であれ、暴力犯罪の被害者と家族への同情心を軽視することではありません。

しかし、アムネスティは全ての死刑に反対します。このことは、死刑が生きる権利を侵害し、残虐で非人道的であり、かつ品位を害する究極的な刑罰であると思うからであります。私たちは、死刑が社会に何の利益ももたらし得ないと思います。

死刑が他の刑罰より犯罪抑止効果が高いことは、これまで全く証明されていません。また死刑は、執行を担う人々と社会の全てを暴力的にしてしまいます。さらに死刑は、国家により殺害された死刑囚の親族と家族に苦痛を与えます。死刑は暴力による犠牲者をもっと増やしています。

死刑執行の再開は人権を守るための、全世界的な政策に反するものであります。国際的な流れは明らかに死刑を避ける方向へ進んでいます。この流れは2007年12月18日、国連総会で死刑の全面廃止に向けた第一歩として、死刑執行の一時停止を求める決議が採択されたことによっても明白にわかります。この決議には104ヶ国が賛成、54ヶ国が反対、29ヶ国が棄権しました。韓国人の潘基文国連事務総長は決議案を採択する際、「今日の表決は、国際社会の勇気ある一歩を表すものであります。世界の各地域の国々がこの決議を支持したことに、とりわけ心強いと思います。

これは死刑の全面廃止に向けた流れがあることを現す新たな証です」と述べました。

　そこから1年後、死刑執行停止に関する決議が再び採択され、賛成の国家がより増えました。ここ5年間にも、ウズベキスタン、ルワンダ、フィリピン、ギリシャ、アルバニア、メキシコ、トルコ、ブータンなどの国々が死刑を廃止しました。法律上または事実上死刑を廃止した国は現在138ヵ国に達し、死刑の執行される数は、だんだん減りつつあります。2007年には死刑を執行した国は24ヵ国に過ぎません。2008年もおそらく同じだろうと思います。

　私は死刑を廃止する方向に向けた国際的な流れを貴国の政府が尊重するという証として、死刑執行を再開しないよう要請します。貴重な時間を与えてくれたことに感謝し、この重大な人権問題について、大統領から返事をもらえるようお待ちしております。

2009年2月13日

アムネスティ・インターナショナル事務総長

アイリン・カーン

日本の死刑廃止議員連盟の要望

　また、2009年2月18日には、日本の「死刑廃止を推進する議員連盟」が、李明博大統領に手紙を送った。

　「韓国が1997年に最後の死刑を行ってから10年以上死刑を執行していないことは、アジア地域では非常に誇るべき実績であり、日本もお手本としなければならないこと」だ。韓国は人権分野で日本を含むアジア地域を大きくリードする立場にあり、韓国出身の潘基文（バンギムン）国連事務総長のもとで国連総会では2年続けて死刑執行停止決議が採択されていることを指摘し、引き続き死刑のない社会を維持し、さらには完全なる死刑制

第11章　死刑廃止運動の歩みと展望　133

度の廃止に向けて大きな一歩を踏み出してもらいたいと要請した。

韓国における死刑執行停止の継続を強く要望します

死刑廃止を推進する議員連盟
会　　長　亀井静香
事務局長　保坂展人

大韓民国大統領　李明博 様

　私たち「死刑廃止を推進する議員連盟」は、1994年4月に設立、日本における死刑制度のあり方を見直す活動を国会の中で続けています。死刑存置国としての日本の行刑事情、諸外国の刑罰制度について、様々な角度から議論を積み重ねてきました。現在約80人の国会議員が参加しており、これまでも韓国の国会議員の皆さまと交流し、勉強会を開催したこともあります。

　一方韓国では、1997年に最後の死刑を行ってから、今日に至るまでの10年以上、死刑を執行していません。これは、アジア地域では非常に誇るべき実績であり、日本もお手本としなければならないことと考えております。10年以上死刑を執行していないことについて、韓国が「人権先進国」になったと言われており、韓国の憲法10条では「人間としての尊厳と価値」を宣言しており、それは生命権を前提にしているとのことですから、ためらわず死刑廃止への道を歩まれることが、憲法にも合致した方針だと考えます。

　しかし、現在韓国では、7人の女性を殺害したとされる被告が逮捕され、マスコミで報道されると死刑の復活を求める声が高

まっていると聞きおります。また、李明博大統領におかれては、犯罪予防のため死刑制度維持は必要との見解を表明しているとの報道も拝見しております。

　ですが、死刑は残虐な刑罰として、被害者遺族のためにも、犯罪抑止の効果も、何も生み出さない制度であることは世界の3分の2の国々が死刑を廃止・停止していることからも明らかです。

　いまや韓国は、人権分野で日本を含むアジア地域を大きくリードする立場にあると思います。ご承知の通り、貴国出身の潘基文国連事務総長のもと、国連総会では2年続けて死刑執行停止決議が採択されております。

　どうか、引き続き、死刑のない社会を維持し、さらには完全なる死刑制度の廃止に向けて、大きな一歩を踏み出してもらいたいと、隣国の政治家としてお願い申し上げます。

2009年2月18日

カトリック指導者の死去

　死刑再執行の目論見が失敗に終わった大きな理由の一つに、カトリック指導者の死去がある。女子中学生の強姦殺人事件で死刑執行の雰囲気が高まっていた時期に、国民にひろく尊敬を集めていたカトリックの最高指導者である金寿煥(キムスファン)枢機卿が亡くなる。

　この人は生前、死刑廃

拘置所を訪れ死刑囚を励ます金寿煥枢機卿

止につよい関心を払い、死刑廃止運動の精神的なシンボルであった。自らソウル拘置所へ行って死刑囚に会い、一緒にミサを捧げたほどである。李明博大統領も、この人を尊敬していて、病院へ行ってお見舞いをしたことがある。

カトリック指導者の死去は、高まっていた死刑再執行の雰囲気をひっくり返した。国中は国葬の雰囲気になり、追悼の列が延々と続いた。国民の目は宗教指導者の死去に移り、性暴力事件のことは忘れ去られてしまった。

李明博大統領も死刑執行の指示ができなかった。死刑廃止に強い関心をもっていた、自分の尊敬する指導者がなくなったのに、その直後に執行を決行するのはどうしてもできなかったのである。法務部も執行のタイミングを失い、再執行の危機も乗り越えられた。

ちなみに、事実上の廃止国から死刑執行を再開した国は、今のところ世界にない。もし、韓国が死刑を再開するならば、国際的に恥をかくことになろう。

死刑執行に反対する外交部

2009年12月7日、国会での本会議で在籍174人の賛成174人の満場一致で可決された、「大韓民国とブルガリア共和国との犯罪人引渡し条約批准同意案」は、第4条には次のように定められている。

> 第4条(死刑)
> 1. 引渡し請求の根拠である犯罪が、請求国の法律上では死刑に処罰されうるけれども、被請求国の法律上では死刑に処罰されない場合、請求国が死刑を宣告しないか、宣告しても執行しないと保障しない限り、被請求国は犯罪人の引渡しを断わらなければならない。

> 2. 請求国がこの条による保障を提供した場合、請求国の裁判所により宣告された死刑は執行されてはならない。

　EU はヨーロッパ人権条約に基づき、ヨーロッパ評議会（Council of Europe）と犯罪人引渡し条約を締結した国が死刑制度を存置している場合、EU から引き渡された犯罪人に対しては死刑執行を禁じている。

　韓国は 2007 年ヨーロッパ評議会に加入を申し込んだが、死刑廃止国ではないという理由で断わられた。それで法務部は、2009 年と 2010 年、外交部と協議して、EU から引き渡された犯罪者の場合は裁判所が死刑を宣告しても執行しないという誓約書をヨーロッパ評議会に送ったという事実が発覚した。この事実は、2010 年 3 月 18 日、国会の法司委員会（日本の法務委員会にあたる）の会議録に明確に述べられている（第 288 回国会、法制司法委員会会議録、第 1 号、26 ～ 27 頁）。死刑存置派議員の質問と法務部長官の答えのやりとりである。

　質問：ヨーロッパ評議会（EU）に対して、わが国が犯罪人引渡し条約と司法共助協約に加入しようと申し込んだ事実があるでしょうか。
　法務部長官：はい。
　質問：しかし、断わられたでしょう。死刑廃止国ではない、という理由で。
　法務部長官：はい。
　質問：ところで、2009 年度と昨年度に外交部と協議して、法務部がEU に、引き渡された犯罪人に対して裁判所が死刑を宣告しても執行はしない、という誓約書を送ったことがありますか。
　法務部長官：あります。
　質問：現在、法律はどのように定められていますか。死刑を必ず執行

するようになっているでしょう。「法務部長官は判決確定日から6月以内に執行しなければならない」と、義務条項として定めているのではないですか。

法務部長官：はい。

質問：自国の法律を執行しないという誓約書を、一体どうやって送ることができますか、法務部長官が。

法務部長官：私が直接送ったのではなく、外交部が送ったもので……。

質問：EUとのFTAの話がありますけど、このFTAは単に韓国の経済に少し役に立とう、韓国の製品を沢山輸出し向こうの農産物を少し輸入するよう、関税の障壁を少し低くしよう、こんな問題ではないですか。なのに、何か通商問題が提起されるだろうと思って、法律にある死刑執行の問題をFTAに譲ってもいいんですか。いかが思いますか。

法務部長官：いずれ、これからまた国会が、その条約の締結について可否の決定を下すはずですから、その際に改めて……

ところが、ヨーロッパ評議会との犯罪人引渡し条約の加入批准同意案は、2009年11月9日国会に提出され成立した。死刑に関して定めた、第11条は次のようになっている。

第11条（死刑）
　引渡しを請求された犯罪が請求国の法律によって死刑で処罰されうる犯罪か、そのような犯罪に関して被請求国の法律によっては死刑で処罰できないか、あるいは一般的に執行されない場合、請求国が被請求国に死刑が執行されないことを信じるに十分な保証を提供しない限り、引渡しの請求は断わることができる。

韓国政府がこれほどヨーロッパ協議会と犯罪人引渡し条約の締結に力を入れたのは、EUとの自由貿易協定（FTA）を締結するためである。そして、2010年10月6日、ベルギーのブリュッセルで自由貿易協定に正式に署名し、2011年5月4日に国会を通過した。ところで、EU側は、協定の締結に向けた協商の場で死刑制度の廃止を求めてきたという。これに対して外交部の官吏は、韓国は10年以上執行しておらず、これからも執行はないだろうと言って説得したという。

　さて、ヨーロッパ評議会と犯罪人引渡し条約を締結したことにより、これからはヨーロッパから引き渡された犯罪者については、いくら凶悪な犯罪者であっても死刑執行ができなくなる。しかし、この結論は、憲法の定める「平等の原則」を適用するならば、ヨーロッパだけでなく全ての国に適用されるべきである。例えば米国や日本で凶悪事件を起こした韓国人が韓国の裁判で死刑宣告を受けても、彼に死刑を執行することはできない。特定国家の政策によって生命を奪い取る時代は過ぎ去らなければならない。命が世界的に結ばれつつある時代になってきている。

エピローグ

討論のパラダイム・シフト
　死刑廃止論者になるのは容易いことではない。既に存在して機能している制度を潰すには、説得力のある理由や根拠を出さなければならないからである。そのために、たくさん勉強しておかなければならない。その反面、存置論者は楽である。死刑制度が存在していて、世論をバックアップしてくれている。既得権者である。死刑を存置すべき理由を示さなくてもよいのである。廃止論者の主張に対して、「これは何」「それじゃ、あれは」と文句だけをいえばすむ。そして、究極的な質問でダメ押しをする。「あなたの家族が惨めに殺されても、死刑廃止を主張するつもりか」。廃止論者はたちまちたじろいでしまい、口をつぐんでしまう。よくみかける討論のパターンである。
　これに対し、ヨーロッパは違う。ヨーロッパではベラルーシを除いて、すべての国々が死刑を廃止している。既得権は廃止論者にある。だから、既得権を潰そうとする努力は、存置論者すなわち死刑復活論者がしなければならない。死刑を廃止したのは過ちであり、再び復活すべきだという論拠を示すのである。
　韓国はもう存置国ではない。存置国でありながら廃止国でもある。したがって、討論のテーマも、「死刑制度の存廃」ではなく、「死刑制度の要否」に変わるべきである。つまり、死刑制度の存在を前提にして、存置すべきか廃止すべきかを問うのではなく、真に死刑制度が必要かどうかを問い直すのである。「存置・廃止」論議ではなく、「要る・要らない」論議をすべきである。

子供に倣う

　私には、中学3年生の息子がいる。ある日、息子から興味深い話を聞いた。学校の討論授業には人気のあるテーマが二つあるという。一つはインターネットの実名制の問題で、いま一つが死刑存廃の問題である。ところが、哲学の先生から、中学生を相手に死刑について世論調査をした結果、廃止が70%で存置が30%であるという話を聞いたという。哲学の先生が調査したものだけど、もしそれが事実だったら驚きである。存廃の比率が、一般国民の世論と正反対だからである。

宗教・市民・人権団体の共同記者会見。垂れ幕に「韓国は永遠に死刑廃止国であります！」と書かれている。

　人間は生まれながら、死刑に賛成するだろうかそれとも反対するだろうか。これまで私は、人間は生まれながら死刑存置派になると信じていた。そして、成長するにつれて死刑廃止を学んで行くと思っていた。ところが、わたしの考えは単なる思い込みだったかも知れない。

　ヨーロッパの人々は残虐な凶悪事件が起こっても、犯人を殺せとは言わないという。死刑制度がないから、死刑も想像しないのである。それに対し、われわれは、凶悪事件が起こると「殺せ！」を合唱する。死刑制度に馴染んでいたからである。もし私たちが暮らしているこの国にも死刑制度がなかったならば、われわれも死刑を議論しなかったかも知れ

ない。人間の命を奪う死刑って、そう簡単に想像できるはずがないからである。

　生まれてみると、死刑がもうそこにある。だから犯人を死刑に処すことを語り合う。しかし、考えをとめて想像してみよう。「死刑のない世界」を。そして、実現しよう。「命を大切にする国家」を。

死刑はアジアの文化か

　2009年12月、「死刑に異議あり！」キャンペーンの主催で「『死刑はアジアの文化だ』って本当ですか？」というテーマのシンポジウムが青山学院大学で開催された。私もアメリカや台湾の代表者とともにパネル・ディスカッションに参加した。

　死刑はアジアの文化だろうか。この問いに答える前に、まず「文化」という言葉の意味について知る必要がある。大学院生の時代、ホセ・ヨンパルト先生から法哲学を学んだけれども、ある日、「文化」という言葉の語源について説明してくれた。文化という意味のCulture（英）やKultur（独）はラテン語の「cultivare」から来たもので、「耕す」という

韓国国会で開かれたシンポジウムで発表する安田好弘弁護士。隣が通訳の私である。

意味だそうである。文化とは、耕す、すなわち育むべき大事なことを指すのである。

ならば、死刑は文化なのか。「死の文化」「殺しの文化」が成り立つだろうか。死刑は育むべき制度ではなく、克服すべき制度である。死刑は、「文化財」には成りえても、決して「文化」ではない。文化になっては困る。

日本は「脱亜入欧」の旗印を高く掲げて、西洋のすばらしい文化を学び、今日の大国を基盤を築いた。ところが、死刑廃止の話になると、ヨーロッパとの違いを強調し、日本の「アイデンティティ」を言い出す。しかし、考えてみれば、平安時代に338年間もの長い間死刑を執行しなかった、世界に類のない誇らしい「文化」を持っているのが日本である。死刑制度は決して日本のアイデンティティではない。

事実上の廃止国は「法律違反」から始まる

長い留学生活の経験から、日本人はどこの国の人よりも優しい心をもっていることを体得した。ところが、「国家」や「制度」のレベルになると、急に優しい心が消えてしまうことがある。死刑問題もしかり。凶悪犯罪が赦せず、死刑判決を下したとしよう。でも、必ずしも執行を急ぐ必要などない。判決と執行は別問題である。韓国においても、長い死刑執行停止を法律違反だという人がいる。「法務部長官は死刑判決の確定日から6ヶ月以内に死刑執行の命令をしなければならず、命令から5日以内に執行しなければならない」という刑事訴訟法を意識した発言である。しかし、この主張は、杓子定規である。もし刑事訴訟法を絶対的に守るならば、判決から6ヶ月が過ぎた死刑囚はみな執行しなければならなくなる。しかし、これはもう「執行」ではなく「皆殺し」「虐殺」と呼ぶべきである。

人間を殺すのに急ぐ必要などない。韓国は10年以上も執行しないその「法律違反」により、世界から「事実上の廃止国」という評価をもらっ

ている。世界の事実上の廃止国はみんな、この「法律違反」から始まるのである。

　日本は世界最高の治安を誇る国であり、世界の諸国が日本の治安システムを学んでいる。死刑を廃止している欧州の諸国に比べて凶悪犯罪の発生率も大変低い国が、死刑を残そうとするのは理解できない。世の中から凶悪犯罪がなくならない限り、日本は死刑を廃止しないつもりなのか。「死刑」によって治安を支えてきたならば、それは「誇り」ではなく「恥」である。

　日本は何といってもアジアの強大国であり、これからもアジアの発展に諸国を引っ張ってほしい。ただ、死刑制度を存置しながら、アジアの盟主になって欲しくはない。命の尊さを守る、アジアの盟主になることを祈る。

　韓国は、金大中と盧武鉉という二人の「リーダーシップ」によって、幸い事実上の廃止国になることができた。死刑廃止は内閣責任制をとる日本では、韓国のような「リーダーシップ」を期待し難いし、事実上の廃止国になるのは遠いようにみえる。しかし、私は、日本もそう遠くない間に廃止国になるだろうと確信している。死刑廃止は時間の問題である。そのために、まず執行をとめて「法律違反をする」ことが必要である。

死刑廃止のための日韓の連帯

　日本と韓国は、互いに影響を及ぼしてきた。死刑問題においても同じである。1990年から3年間余り日本で執行が停止していた頃、わたしは日本の執行停止を紹介して、日本を学ぼうと促した。ところが、最近は、全く逆に日本が引用されている。「日本のような先進国も死刑執行を続けている」といって死刑を正当化している人がいるのである。韓国の死刑問題において、日本は善かれ悪しかれ、「モデル国」なのである。なるべくよいモデルになってほしい。

私は日本に留学して、死刑廃止の理論を勉強し、市民運動の一員として死刑廃止運動に加わった。帰国してからは、日本で得た知識と運動方法を生かして、韓国の死刑廃止運動を手伝ってきた。死刑問題を通じて、日本と韓国をわたり、素晴らしいことを学び、多くの友人を得ることができた。日本は、私にとって学問の源である。
　その一方でわたしはこれから、「事実上の廃止国」という韓国の知恵を日本人の方々に知らせ、微力ながら日本の死刑廃止を手伝うするつもりである。本書が日本の死刑廃止に少しでも役立つことを祈る。

あとがき

　本書を刊行できたのは多くの方々のご好意とご厚情のおかげである。留学中に特別に可愛がってくださった指導教授の駒沢貞志先生、死刑廃止の理論について教えてくださった菊田幸一先生、そして中央学院大学の辻本義男先生に、この場を借りて心から御礼申し上げたい。駒沢貞志先生と辻本義男先生のご冥福をお祈り申し上げたい。

　また、安田好弘弁護士は市民運動のあり方について身をもって教えてくださった。私にっては大切なヒーローである。そして、「フォーラム90」を通じて多くの友人を得ることができた。いちいちお名前を挙げられないが、心から御礼を申し上げたい。

　本書の執筆は、インパクト出版会の深田卓さんのご配慮とご厚情が大きい。死刑制度に関わる新刊本を贈って下さったし、ご助言を惜しまなかった。

　拙著が日本と韓国の死刑廃止と死刑廃止運動の連携に少しでも役立つことを願っている。

　長い間支えてくれた妻の李錦珠（リクムジュ）と息子の宰熲（ジェギョン）と一緒に本書の刊行を祝いたい。

　　２０１２年１０月

　　　　　　　　　　　　　　　　　韓国のソウルにて　朴秉植（パクビョンシク）

朴秉植（パクビョンシク）
1955 年　韓国生まれ。
　　　　東国大学法学部卒業。
1983 年　渡日、明治大学大学院へ入学。修士・博士課程修了し、1992 年法学博士取得。
1993 年　帰国。延べ 9 年 4 ヶ月間滞日する。
　　　　龍仁大学教授を経て、現在は東国大学法学部教授。
　　　　国家青少年委員会委員、韓国法務保護福祉公団理事、警察庁成果評価委員長として活躍中。

死刑を止めた国・韓国

2012 年 11 月 25 日発行
編　集　朴　秉　植
発行人　深　田　卓
装　幀　宗利　淳一
発　行・インパクト出版会
　　　113-0033　東京都文京区本郷 2-5-11　服部ビル
　　　TEL03-3818-7576 FAX03-3818-8676
　　　E-mail:impact@jca.apc.org
　　　http://www.jca.apc.org/~impact/
　　　郵便振替 00110-9-83148
印刷　モリモト印刷

インパクト出版会

死刑囚90人 とどきますか、獄中からの声
死刑廃止国際条約の批准を求めるフォーラム90編　1800円+税　ISBN 978-4-7554-0224-1
2011年、フォーラム90は全死刑確定者120人にアンケートを実施、90人から回答を得た。そこには犯した事件のこと、獄中生活のこと、被害者について、残された家族への想いなど彼らの魂の叫びが綴られている。本書は死刑確定者の現実を明らかにする。大道寺幸子基金死刑囚表現展第1回～第7回絵画部門受賞作品をカラーで全点掲載

少年事件と死刑
年報・死刑廃止2012　2300円+税　ISBN 978-4-7554-0227-2
少年法の理念さえ踏み越え、更生ではなく厳罰へ、抹殺へとこの国は向かっている。少年法と死刑をめぐる問題点を徹底検証する。寮美千子、永田憲司、西澤哲、本庄武、青木理、岩井信、高田章子。巻頭座談会「魔女裁判を超えて　死刑法廷とジェンダー」北原みのり・安田好弘・角田由紀子・笹原恵。『死刑弁護人』斉藤潤一監督に聞く」中村一成

震災と死刑　生命を見つめなおす
年報・死刑廃止2011　2300円+税　ISBN 978-4-7554-0218-0
東電の社長はなぜ死刑にならないのか？　2万もの人が亡くなった大災害で命の尊さをみんなが認識したはずなのに、死刑囚への赦免はなく、3.11以後も死刑判決が出続ける。震災後のいま、死刑の意味を問う。金平茂紀・神田香織・川村湊・安田好弘。ほかに、「裁判員裁判と死刑―11の死刑求刑裁判を見る」。

少年死刑囚
中山義秀著　池田浩士解説　インパクト選書⑥　1600円+税　ISBN 978-4-7554-0222-7
死刑か、無期か？　翻弄される少年殺人者の心の動きを描き、刑罰とは何かを問う傑作ドキュメンタリー小説。解説者・池田浩士はこの作品とほぼ同量の長編論考で、この作品のモデルとなった敗戦直後の鹿児島雑貨商殺害事件の少年のその後を追い、衝撃的な事実を発掘する。そして私たちに、あまりにも残酷なこの国の刑罰制度の現実を突きつけるのだ。

落伍者
河村啓三著　1700円+税　ISBN978-4-7554-0220-3
加賀乙彦推薦「死刑囚のおかれている所内の生活がそのまま書かれている貴重な文献。虜囚の身で、権力者と徒手空拳で渡り合っている感じが読んでいて爽快感を誘う。死刑囚の中にもいろんな死刑囚がいて、その何人かの死刑囚というのは非常に印象の残る描写で書かれている。」大道寺幸子基金表現展第7回優秀賞受賞作

「鶴見事件」抹殺された真実
高橋和利著　1800円+税　ISBN 978-4-7554-0214-2
警察・検察はどのように人一人を殺人犯に仕立て上げるのか。ずさんな捜査、予断による犯人視、強権的な取り調べの過程を克明に記述した体験記。死刑確定者による「私は殺してはいない」という獄中からの怒りの激白である。死刑廃止のための大道寺幸子基金第5回死刑囚表現展奨励賞受賞作品。

光市事件　弁護団は何を立証したのか
光市事件弁護団編著　1300円+税　ISBN978-4-7554-0188-6
マスメディアの総攻撃に抗して、差戻控訴審での21人の弁護団が明かす事件の真実。少年による不幸にして偶発的な事件を、検察官は凶悪な強姦・殺人事件としてねつ造した。司法は制度疲労の中にあって、危機的な状態にある。いま問われているのは司法の頽廃である！　付・被告人少年の謝罪の手紙。